정암 김종철의
양택풍수 이야기
**가게
회사**

돈과 건강을 부르는
풍수인테리어

글/그림 공문룡

돈과 건강을 부르는
풍수인테리어

정암 김종철의
양택풍수 이야기
**가게
회사**

글/그림 공문룡

정암 김종철의 양택풍수 이야기
돈과 건강을 부르는 풍수인테리어

초판 1쇄 펴낸 날 2011년 2월 14일

지은이　김종철
글/그림　공문룡
펴낸이　임동선
펴낸곳　늘푸른소나무

등록일자　1997년 11월 3일
등록번호　제313-2003-300호(구:제1-3112호)
주 소　서울시 마포구 성산동 278-41 2층 202호
전 화　02-3143-6763~5
팩 스　02-3143-6762
이메일　esonamoo@naver.com

ISBN 978-89-88640-94-4(13380)

- 저자와의 협의에 따라 인지는 붙이지 않습니다.
- 잘못된 책은 꼭 바꾸어 드립니다.
- 책값은 뒤표지에 있습니다.

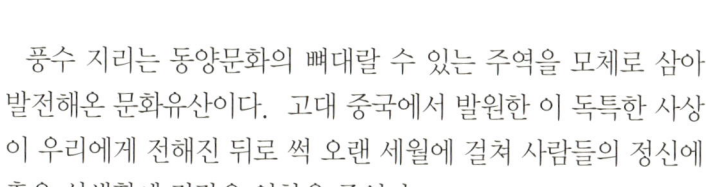

이 책을 읽기 전에

　풍수 지리는 동양문화의 뼈대랄 수 있는 주역을 모체로 삼아 발전해온 문화유산이다. 고대 중국에서 발원한 이 독특한 사상이 우리에게 전해진 뒤로 썩 오랜 세월에 걸쳐 사람들의 정신에 혹은 실생활에 적잖은 영향을 주었다.
　근자에 들리는 말로는 동양의 풍수지리가 이미 오래 전부터 서방세계로 건너가 다각적인 연구를 거쳐 그들 나름대로 실생활에 보탬을 꾀하고 있다는 것이다. 합리적인 사고방식을 최고의 덕목으로 삼는 서양 인들이 동양의 풍수지리를 수용한다는 것은 그들 상식으로도 납득할 만한 소지가 충분하다는 뜻이다. 다시 말해서 풍수지리가 삶의 질을 높이는 면에서 긍정적인 구실을 한다는 점이 객관성 있게 받아들여진 다는 얘기다.
　이 책자를 만들게 된 뜻도 그런 사회 현상을 인식한 기획의 하나다.
　본인이 50여 년을 외길 풍수로 살아가면서 때로는 무릎을 치고 더러는 탄식을 금치 못했던 풍수의 오묘한 이치를 모두가 이해하기 쉽게 설명하려고 만화로 만들었다.
　조금이라도 풍수지리에 호감을 지닌 사람들이나 조상의 슬기를 받아들여 삶의 질을 높이려는 사람들에게 이 책이 기꺼이 작은 밀알이 되기를 바란다.

　　　　　　　　　　　　　　　　정암 김 종 철

차 례

1. 돈을 벌려면 귀문방을 조심하라! 생활풍수 인테리어 • 21
2. 부자되는 좋은 장소, 망하는 나쁜 장소 알아보는 생활풍수 인테리어 • 35
3. 잘되는 회사, 잘되는 장사는 분명 다른 점이 있다 생활풍수 인테리어 • 44
4. 기본적인 부자가 되기 위해서 알아야 하는 생활풍수 인테리어 • 59
5. 회사나 가게의 화장실 방향이 성공을 좌우한다 생활풍수 인테리어 • 96
6. 옷가게, 의류계통 사업해서 부자되는 생활풍수 인테리어 • 110
7. 주유소, 정유계통 사업해서 부자되는 생활풍수 인테리어 • 116
8. 제과점, 분식점 장사해서 부자되는 생활풍수 인테리어 • 124
9. 한의원, 한약 계통 개업해서 부자되는 생활풍수 인테리어 • 133
10. 병원, 의원 개업해서 부자되는 생활풍수 인테리어 • 145
11. 식당, 음식점해서 부자되는 생활풍수 인테리어 • 155
12. 신발가게, 구두가게 해서 부자되는 생활풍수 인테리어 • 165
13. 자동차, 운수 계통 사업해서 부자되는 생활풍수 인테리어 • 178
14. 보석, 시계, 악세사리 장사해서 부자되는 생활풍수 인테리어 • 195
15. 건축회사 계통 사업해서 부자되는 생활풍수 인테리어 • 208
16. 작은 평수로 시장에서 장사해서 부자되는 생활풍수 인테리어 • 218
17. 꽃집계통으로 장사해서 부자되는 화장실 생활풍수 인테리어 • 228
18. 소망이 손님처럼 찾아와 부자가 되게 하는 행운의 업종별 출입문
    화장실 생활풍수 인테리어 • 239
19. 소망이 손님처럼 찾아와 부자되게 하는 도로에 관한
    화장실 생활풍수 인테리어 • 244
20. 소망이 손님처럼 찾아와 부자되게 하는 택지에 관한
    화장실 생활풍수 인테리어 • 257
21. 건물의 나온 부분과 들어간 부분을 알아보는
    만과 결의 좋음과 나쁨에 대해 알아보기 화장실 생활풍수 인테리어 • 265

1

만화로 보는 실전풍수 인테리어

돈 안들이고 부자되는
가계&회사 만들기

돈을 벌려면 **귀문방**을 귀문방을 조심하라!

생활풍수 인테리어

여기서 한 가지 짚고 넘어가야 할 점은 양택이라 해서
똑같은 길흉이 적용되는 것은 아니라는 것이다.
명당집과 흉가.

어느 집은 하는 일마다 순풍에 돛을 단 듯이
척척 이뤄지는 반면에

또 다른 집은 옹이 투성이 나무처럼 매사 어려움에 부딪혀 고생하는 경우도
흔히 있다.

왜 그럴까?

어떤 사람들은 그 모든 게 팔자 탓이라고 한다.

즉 누구는 팔자를 잘 타고났기 때문에 고생이 뭔지도 모르고 호강해 가며 세상을 살아가고

누구는 팔자를 나쁘게 타고나서 하는 일마다 애로가 많고 되는 일도 없다는 그런 식이다.

귤이 아닌 탱자가
열린다는 것이다.

같은 귤이라도 환경과 기후에 따라 귤이 되기도 하고,
탱자가 되기도 하는 게 자연의 이치다.

사람의 경우도 크게 다르지 않다. 다시 말하자면 사는 환경에 따라
삶의 모습이 얼마든지 달라질 수도 있다는 뜻이다.
흉가와 복가의 차이가 있으니깐 말이다.

예를 들자면,
아무리 팔자를 좋게
타고난 사람이라 해도

그가 사는 형편이나 주변
환경이 거칠고 험하다면
타고난 좋은 팔자를
꽃 피울 수는 없을 것이다.

자주 난관에 부딪치거나 기복이 심한 생활을 하기 십상이다.

반대로 팔자가 그리 신통찮은
사람이지만 좋은 환경과 길한
집터에서 산다면 어떤가?

두말할 필요 없이 남들이
부러워하는 삶을 영위하는
경우가 대부분이다.
좋은 환경과 길한 집터의
덕을 본 것이다.

'양택 풍수지리'는 바로
그 길한 집터와 좋은 환경을
찾아내는 학문이다.

풍수지리에서는 방위를 매우 중요하게 여긴다.
우주가 방위로 조직되었으니까.

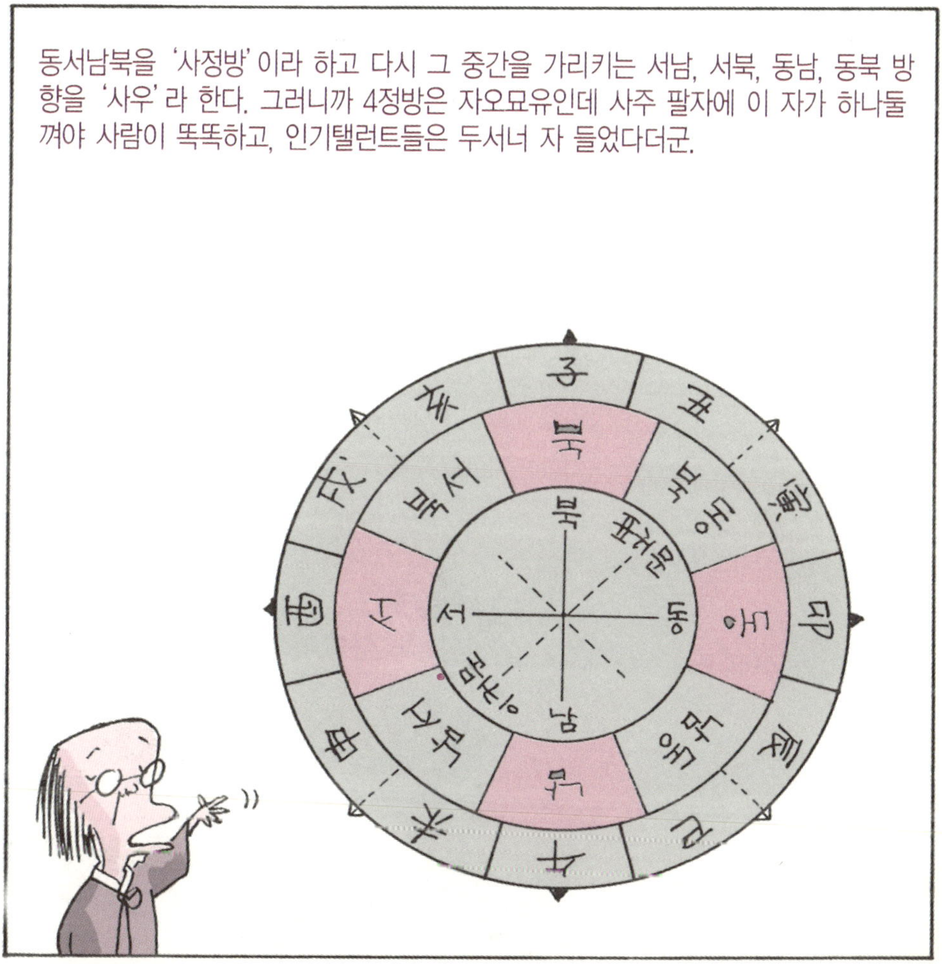

동서남북을 '사정방'이라 하고 다시 그 중간을 가리키는 서남, 서북, 동남, 동북 방향을 '사우'라 한다. 그러니까 4정방은 자오묘유인데 사주 팔자에 이 자가 하나둘 껴야 사람이 똑똑하고, 인기탤런트들은 두서너 자 들었다더군.

이 여덟 개 방위 중에서
사람들이 가장 꺼리는
방위는 '귀문방'이다.

'귀문방'이란
귀신이 드나드는 방향이라는 뜻.

음택도 그렇지만
양택 풍수에서 '귀문방'을
꺼리는 이유는 과학적으로도
충분히 입증되고 있다.

일반적으로 시간과 계절은 방위와 함께 언급한다.

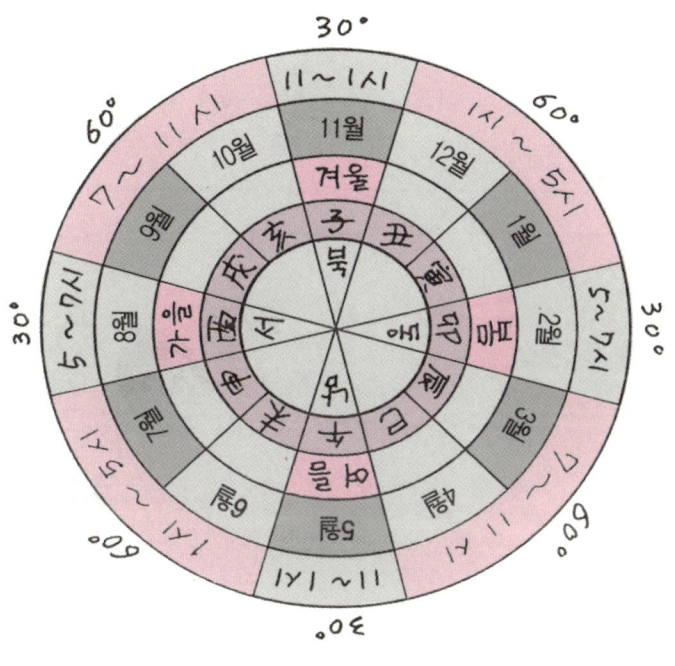

사계절로 본 '귀문방'은 환절기에 해당한다.
건강한 사람은 몰라도 약골이나 노약자가 감기나 다른 병에 걸리기
쉬운 때가 환절기다.

시간으로는 여름철 하루 중 가장 찌는 듯이 더운 오후 3시경이 '귀문방'이고,

겨울철에는 가장 온도가 낮은 새벽 3시경이 '귀문방'에 해당한다.

거지 얼어 죽는다!

여름이나 겨울이 아니라도 오후 3시경은 노곤해서 하루 중 일의 능률이 제일 떨어지는 시간.

밤이면 가장 깊이 잠들어 무방비 상태가 되는 시간이 '귀문방'이다.

옛날부터 양택 풍수에서는 '귀문방'에 불결한 의미를 지닌 장소를 배치하면 안 된다고 하였다.

집 안에서 불결한 장소라면 첫 번째가 '화장실'이다. 냄새 나는 화장실이 '표귀문'에 속하는 북동쪽에 있으면,

북동풍이 화장실을 통과하면서 악취를 집 안으로 밀어붙인다. 그 냄새를 줄곧 맡고 산다면 좋을 게 없다.
그것은 나쁜 기(氣)이기 때문이다. 특히 아기들에게 액운이 온다고 한다.

그리고
'이귀문'인
남서쪽도 마찬가지다.

남서쪽은 오후 3시쯤이면
햇볕이 뜨거워져
땅의 나쁜 기가
기승을 부리고 습기 많은
것들이 쉽게 썩는다.

시간상으로 하루 중 이때는
노곤해져 작업 능률이 떨어지고
집중력도 저하되므로 안전사고도
많이 발생한다.

2

만화로 보는 실전풍수 인테리어

돈 안들이고 부자되는
가계 & 회사 만들기

부자되는 좋은 장소,
망하는 나쁜 장소 알아보는

생활풍수 인테리어

양택 풍수 이론이
일반 주택에만 해당하는 것은 결코 아니다.

사무실, 가게, 공장, 그밖에 여러 곳, 산 사람이 생산 활동이나
경제 활동을 하는 장소가 모두 포함된다.

곳곳에 길하고 흉한 요소가
분명히 있으므로 아무렇게나 넘어 갈 일이 아니다.

같은 업종이라 해도 장소에 따라
불티나게 물건이 잘 팔리는 자리가 있는가 하면
온종일 파리 날리는 자리도 있다.

물론 주인의 수단이 좋아서
손님들이 몰릴 수도 있으나,

알고 보면 더 근본적인
이유가 따로 있다.

그것이 바로 양택 풍수 쪽에서 말하는
길지와 흉지의 차이다.

길지의 조건은 무엇인가?
주변의 입지 조건과 좋은 방위에 따르는 가구 배치, 그리고 그곳에 알맞은 업종이어야 한다는 것!

길지의 적용 범위는
가게 말고도 공장이나 사무실에 까지도
실제로 고루 적용된다는 점을 알아야
한다.

그렇다면 양쪽 옆은 어떤 모양이 좋은가?
이때는 좌측(또는 서쪽)이
약간 더 높아야 한다.

그래야 우측(혹은 동쪽)의
기를 더 많이 받을 수 있기 때문이다.
동쪽의 기는
성장, 방육에 이로움을 주는 좋은 기다.

그 다음으로 중요한 것은 물! 하천이다.
일반적으로 하천은 물의 양, 수질 그리고 흐르는 방향에 따라 길흉이 달라진다고 하는데,

물의 양은 넉넉해야 좋고 수질은 깨끗해야 한다. 환경 보호니 자연 보호니 하는 사회적인 운동도 그래서 있는것.

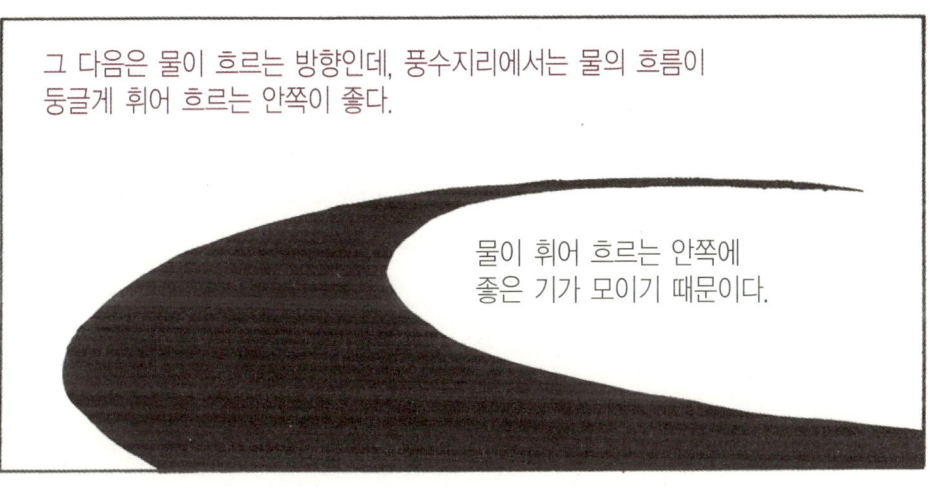

그 다음은 물이 흐르는 방향인데, 풍수지리에서는 물의 흐름이 둥글게 휘어 흐르는 안쪽이 좋다.

물이 휘어 흐르는 안쪽에 좋은 기가 모이기 때문이다.

물고기를 봐도 물 흐름의 둥근 안쪽에만 모여 있다.

물고기!

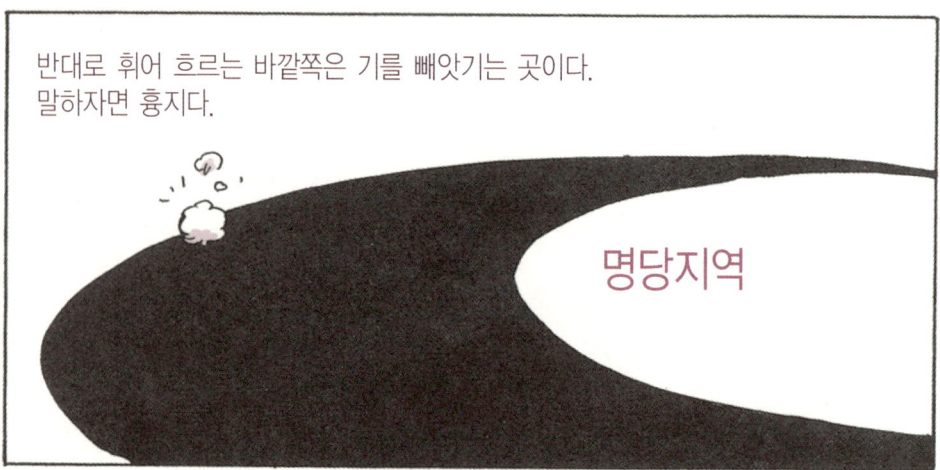

3

만화로 보는 실전풍수 인테리어

돈 안들이고 부자되는
가계&회사 만들기

잘되는 회사, 잘되는 장사는 분명 다른 점이 있다

생활풍수 인테리어

잘되고 못된다는 것은 무엇일까?

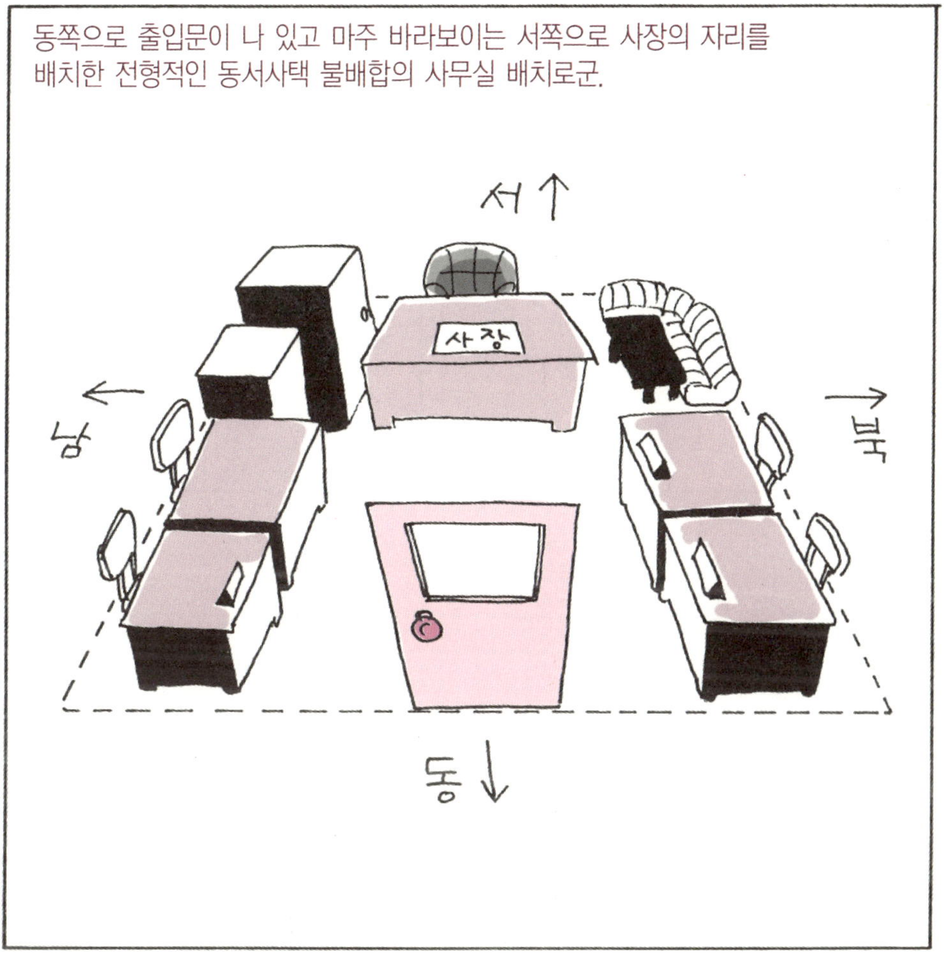

동쪽으로 출입문이 나 있고 마주 바라보이는 서쪽으로 사장의 자리를 배치한 전형적인 동서사택 불배합의 사무실 배치로군.

부엌과 대문 그리고 안방의 위치가 서로 조화를 이루는 방위라야 한다는 것이 주요 골자다.

양택은 기준점에서 여덟 개의 방위로 나뉘는데,

이 가운데 동으로 4방위,

서쪽을 4방위로 나눠 상생과 상극이 발생한다.

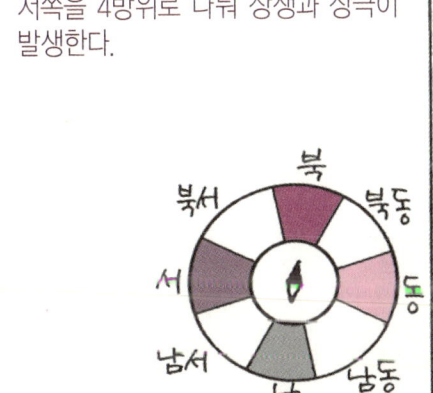

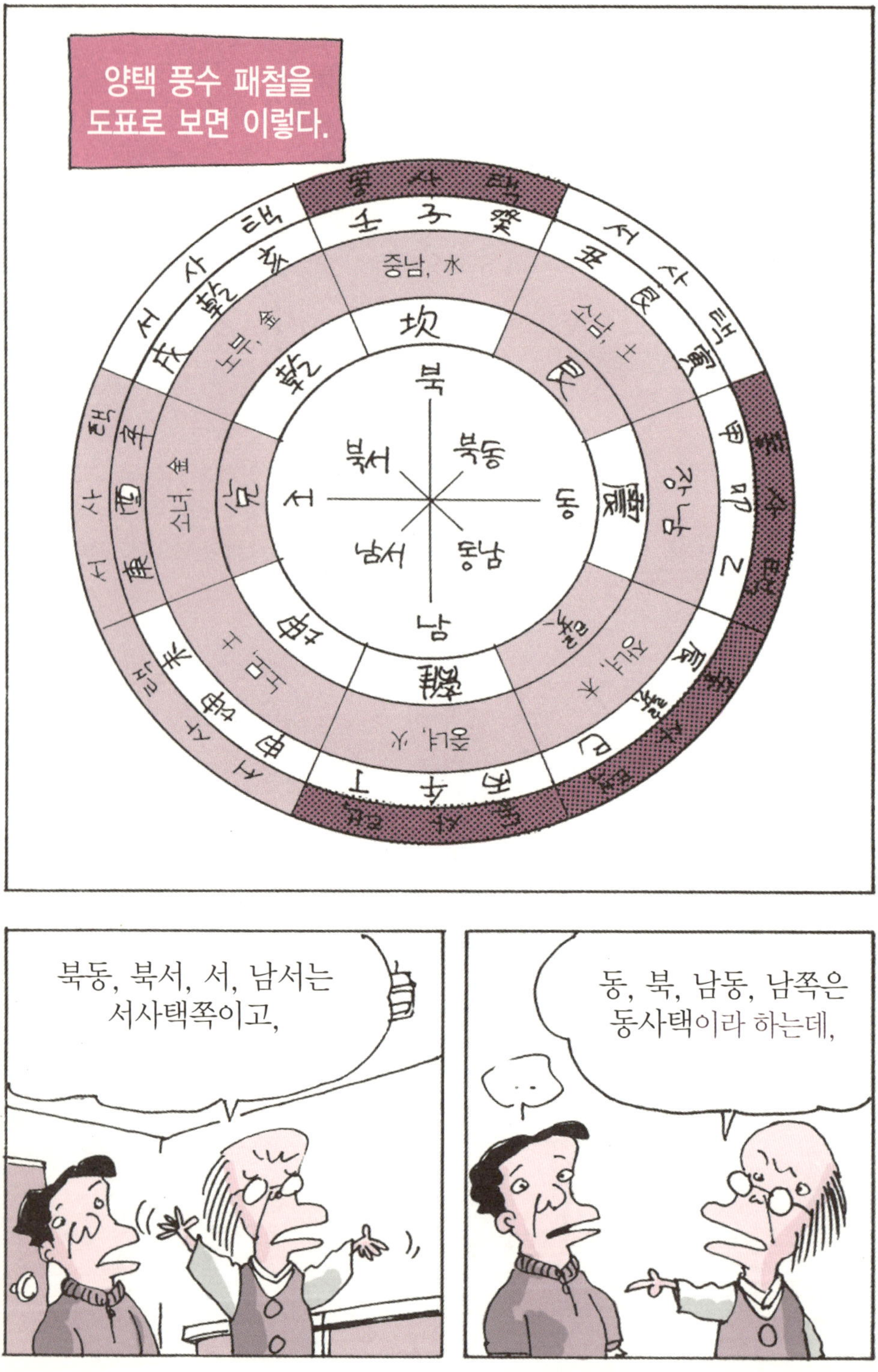

> 양택 풍수 패철을 도표로 보면 이렇다.

동, 북, 남동, 남쪽은 동사택이라 하는데,

북동, 북서, 서, 남서는 서사택쪽이고,

집에서는 대문과 부엌 그리고 안방이
동사택이든 서사택이든
어느 한쪽 방위에 위치해야
길한 집이 되고,

반대로 그 요소가 동서사택 양쪽에 뒤섞여 있으면
'불배합'이라 하여
흉한 가상이 된다.

회사나 공장, 또는 가게 자리도
동서사택의 이론이 어김없이
적용된다네.

사무실이 이금치사 방위에 걸리면 큰일 나지. 쇠붙이로 인해 죽는 방호니까.

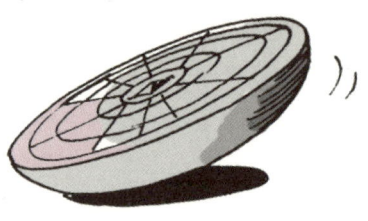

출입문이 동쪽으로 나 있고 사장 자리가 서쪽에 있어 출입문을 마주보는 쪽이면 옳게 되는 일이 없다. 이게 바로 이금치사 배치란다.

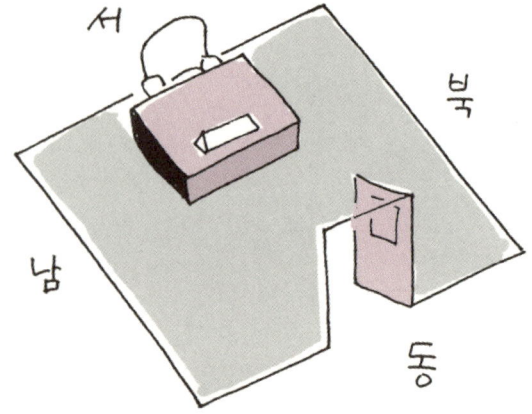

주택도 대문에서 안방이 곧바로 보이면 크게 흉한 법. 흔히 집주인이 바람난다는 것이지.

그 집안의 중심은 안방. 사무실의 중심은 사장이 앉은 자리. 이를 주 이치라 한다.

4

만화로 보는 실전풍수 인테리어

돈 안들이고 부자되는
가계&회사 만들기

기본적인 부자가 되기 위해서
알아야 하는

생활풍수 인테리어

회사에나 가게에서 성공하는 기본적인 자리배치 알아보기

사업에 성공하려면 우선 사무실에 입주할 때부터 풍수 이론을 잘 응용해야 한다.

먼저 건물의 생김이 일그러지지 않고 반듯하며 그 건물이 서 있는 터 역시 직사각형에 가까운 형태라야 길한 상이다.

또 그 건물 쪽에서 보아 도로가 지나는 형세를 살펴야 하고,

건물 내에는 귀문에 해당하는 방위를 확인, 출입구 방향, 화장실의 위치도 무심히 넘기면 안 된다.

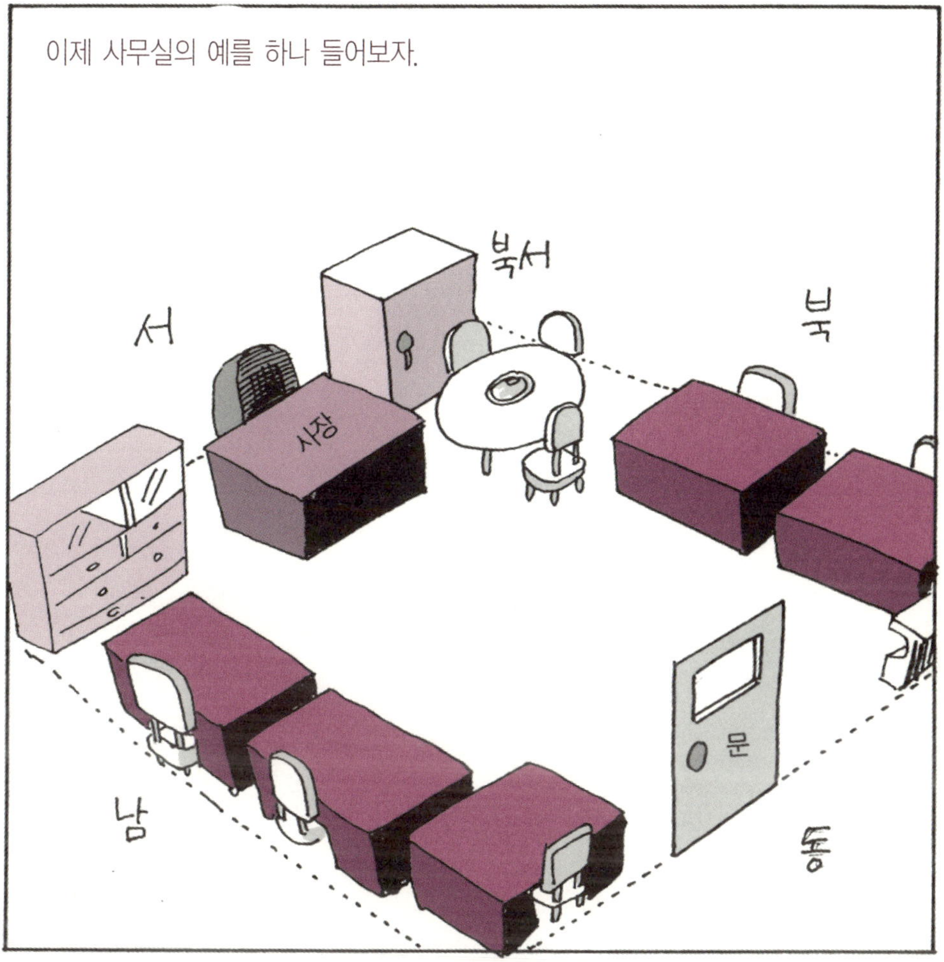

이제 사무실의 예를 하나 들어보자.

동서사택론에 이르기를 동사택은 북쪽, 동쪽, 남쪽, 동남쪽이 조화가 잘되는 방위이고, 이를테면 제짝패란 말이다.

서사택은 북동, 서, 서북, 남서쪽이 서로 제짝이며 길한 방위라 했으니,

다시 말하자면 동사택은 출입문과 사장 자리가 동북, 남, 동남쪽에 서로 위치해야 좋고,

서사택은 서, 서북, 동북, 남서쪽으로 사장 자리와 출입문이 배치해야 길한 자리가 된다.

이번에는 여덟 개 방위를 오행으로 풀어 보자.
오행에는 상생과 상극이 있는데, 상생은 서로를 도와 일어나는 관계이고,
상극은 서로를 쳐서 무너뜨리는 관계를 말한다.

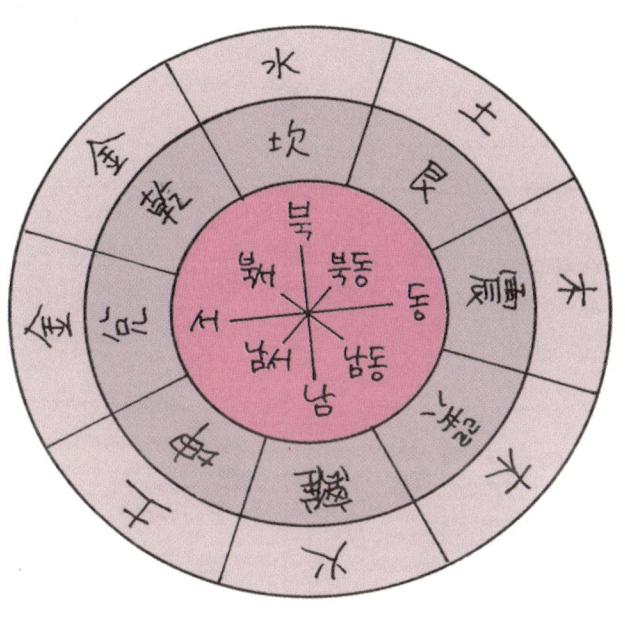

여기서 상생은 금생수, 수생목,
목생화, 화생토, 토생금이고,

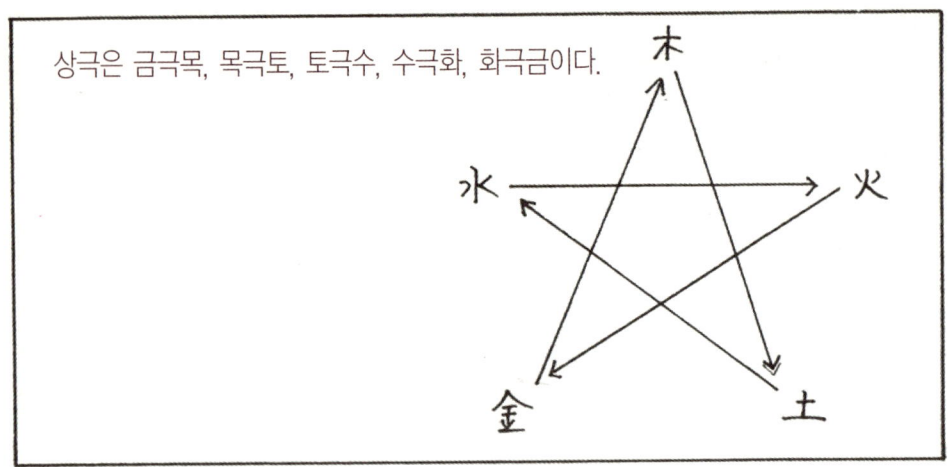

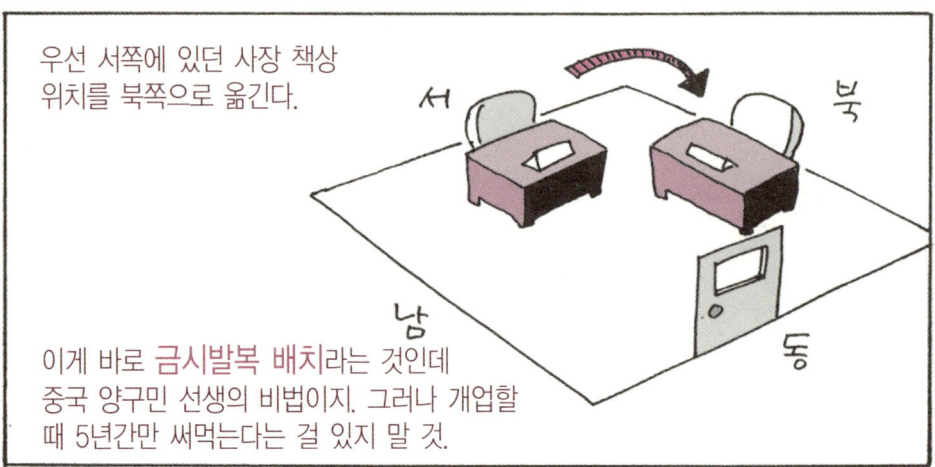

우선 서쪽에 있던 사장 책상 위치를 북쪽으로 옮긴다.

이게 바로 **금시발복 배치**라는 것인데 중국 양구민 선생의 비법이지. 그러나 개업할 때 5년간만 써먹는다는 걸 잊지 말 것.

이렇게 하면 동사택에서 주장하는 대로 동쪽에 대문격인 출입문이 있고,

북쪽에 안방격인 사장 자리가 있으니 오행상으로 수생목으로 상생하는 격이니 썩 잘 어울리는 길상이 된다.

자리를 옮긴다는 것은 방위를 따라 흐르는 기의 영향을 찾아가는 것이다.

그런데 기는 책상보다 당사자가 앉는 의자를 통하여 영향을 미치므로 의자의 위치가 훨씬 더 중요하다.

다시 말하자면 의자의 위치가 흐르는 기의 중앙에 있어야 한다는 뜻이다.

다만 동쪽 출입문에 북쪽 사장자리 위치는 문제가 있다.

따라서 빠르게 발복은 하되 그 복이 오래 계속되는 자리는 아니다.

대개 이런 자리는 6~10년이면 발복시효가 끝나 버리기 때문이다.

그러면 동쪽 출입문에
남쪽 자리가 어째서 좋은가?

같은 동사택으로 동쪽인 묘방과 남쪽인 오방은 음양 배합이 정상이다.
사업상 추진하는 목표가 잘 이뤄지고 좋은 일이 오래가는 방위가 묘방과 오방이다.

오행으로도 남쪽은 화, 동쪽은 목이다.
목생화라 하여 상생하는 격이고,
남쪽은 둘째딸의 방위, 동쪽은 장남의 방위이니
기쁨이다.
좋은 일이 불같이 일어날 길상이다.

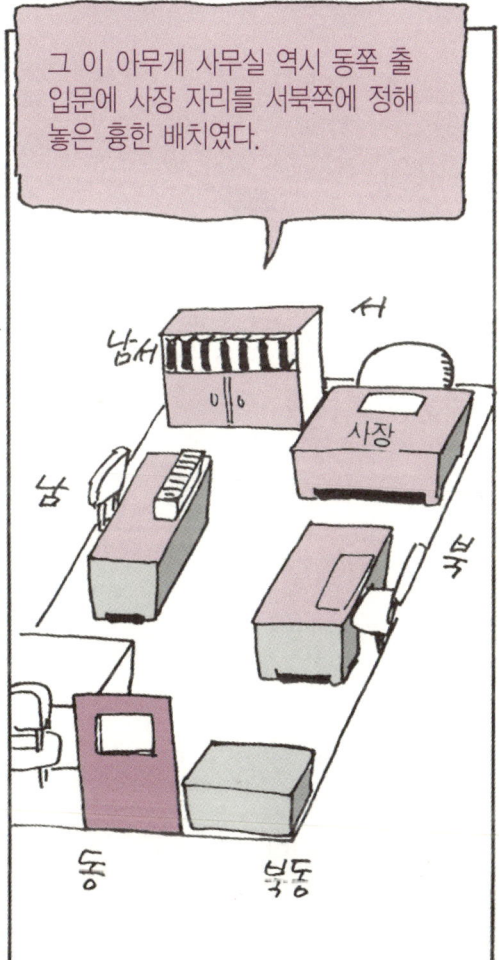

오행상 금극목이 된다면 되는 일이 없고
매사 사업거래가 실패하게 되며 손해가 쌓여 쓰러지게 된다.

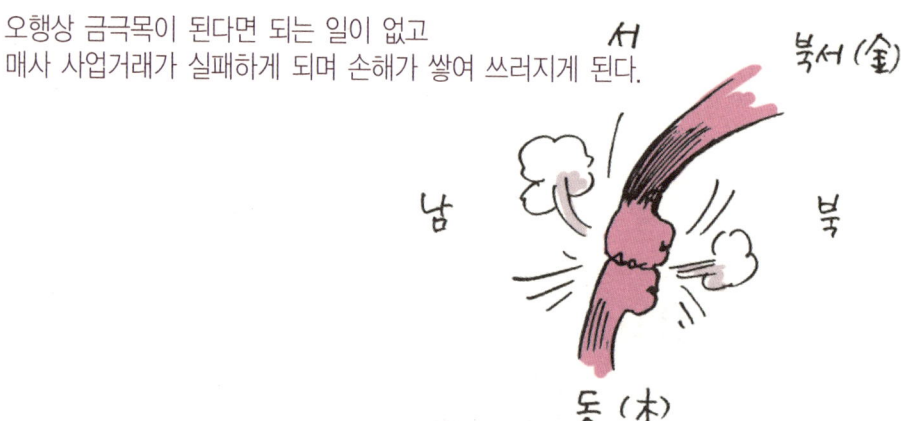

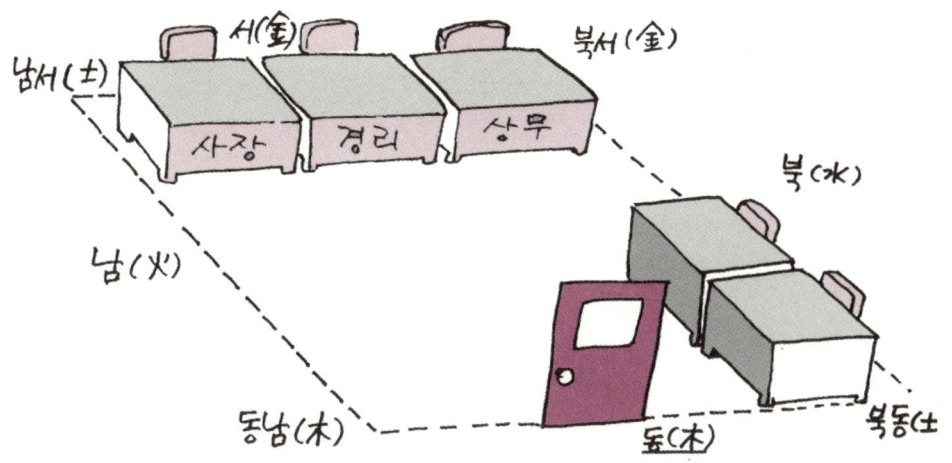

아주 망하기로 작심한 자리 배치로군.

동쪽인 묘방 출입문에 주인 자리가 남서쪽인 곤방이라, 쯧쯧.

되는 일이 없지. 암!

오행상 목이 토를 극하는 격이니 장사든, 제조업이든 풍파가 줄줄이.

뿐만 아니라 직원들 간에 단합이 되기는커녕 툭하면 고함 소리, 싸움질이 일게 된다.

출입문인 동쪽의 목과
남서쪽인 토, 서쪽인 금,
북서쪽인 금, 북동쪽인 토가
모두 상극이 되는 까닭이다.

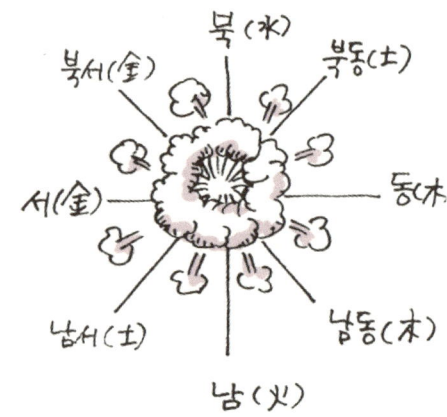

경리 자리가 중요한데 출입문과 부딪치는 자리이니
금전 수입이 나쁘게 된다.
3.8 수에 임하면 큰 손해를 볼 수도 있다.
더 심하면 경리 아가씨가 쇠붙이로 인해 죽기도 할 걸.

제일 큰 문제는 서북쪽에 앉은 상무 자리다.
서북쪽은 주역 팔괘에서
가장 위대한 하늘을 상징하는
건괘라서

겉으로는 사장을 도와 열심히 일을 하는 것 같지만 뒤로는 제 실속을 따로 챙기고 있다.

이런 작자일수록 사장의 일거일동을
훤히 꿰고 있기 마련이어서
사장은 상무가 그런 뒷궁리를 하는
줄 전혀 모른다.

그러다 때가 되면 회사가 통째로
상무 차지가 되기도 한다.

제일 불쌍한 존재는 동북쪽에 있는 과장이다. 제 딴에는 진심으로 사장을 돕고 나서지만,

제 실속을 차리지 못하니 고생은 집식구한테까지 떠 넘어가고, 끝에는 빈손으로 직장을 쫓겨나는 신세가 된다. 이게 묘문목이 간토 위치를 극하는 이치란다.

정리하자면 먼저 사무실의 중심점을 기준으로 출입문의 방위를 보아 동. 서 사택을 구분하고,

그 출입문 방위와 조화가 잘되는 방위로 자리를 배치해야 한다. 동사택, 서사택에 속하는 좋은 방위를 찾아야 한다는 뜻이다.
이해가 부족하면 더 설명해 줄까?
문이 동사택이거든 사장자리를 같은 동사택에 놓으란 말이다. 알것냐?

또 일단 구빈의 자리에서 한숨 돌린 뒤에는 때를 맞춰 오래오래 번창할 수 있는 길한 위치로 옮겨야 한다.

구빈의 자리를 음양으로 보면 양과 양이다.
양과 양이 겹치면 순양이므로
사업이 빠르게 일어난다.

오행의 수리가 지나면,
다만 양과 양이 겹치거나
음과 음이 겹치면 처음에는 좋다 싶어도
반파라 하여 되레 나빠지는 일이 있다.
예를 들어 동쪽 출입문에 북쪽 자리이면
순양이지만 3,8수가 있으니

소규모 업체는 3년.

큰 업체는 8년.

소규모 업체면 3년,
큰 업체는 8년이 지나면
사업이 기울게 되므로 그때
재빨리 좋은 자리를 찾아 옮겨야
한다는 뜻이다. 그간 잘된 건
미련 갖지 마라.

이것은 동쪽인 묘방과
남쪽인 오방이 잘 어울리는
음양 배합이기
때문이다.

따라서 사업을
추진하는 대로
결실이 잘 맺고
좋은 일이
오래가게 된다.

그러면 오행으로 보면 어떤가?
남쪽인 오는 불을 뜻하는 화에
속하고 또 오방은 주역에서
둘째딸을 의미한다.

한편 동쪽인 묘방은 나무를 뜻하는
목이고 장남을 의미한다.
장남이 가운데 딸을 만났으니
썩 잘 어울리는 궁합이요,
목생화이니 상생이다.

순양이면 사업상 거래에서 성취도가 높고 추진력도 강해져 실제로
실무에 임하는 상무 자리로는 더 할 나위가 없다.

이번에는 돈을 다루는 경리 차례.

경리 자리는 필히 음의 자리를 찾아 배치해야 한다. 그렇다면 동쪽에 출입문이 나 있는 이 경우에는 남동쪽인 손방이나 남쪽인 오방이 음의 자리가 되는데,

남쪽인 오방은 재궁이지만 경리자리는 아니다.
왜냐하면 상무 자리인 동쪽과 남쪽은 수극화 이므로 상극이다.
재궁이 극을 맞으니까.

자칫하면 금전으로 인한 문제가 발생할 우려가 있다.
심하면 파산까지 하는 걸~

그렇지만 동남쪽인 손방은 장녀를 뜻하는 자리로 음의 자리다. 동쪽은 양이니 음양배합이다. 따라서 동쪽 출입문에 손방으로 경리 자리를 배치하면 불필요한 지출이 억제되므로 자산이 늘어가는 기쁨이 있다. 음양배합으로 사업이 순조롭다.

이렇듯 양택 풍수에서는 출입문의 위치에 따라 자리 배치가 달라지고 길흉이 엇갈리게 되는 것이다.

집이든 가게나 건물이든 절대로 출입문을 내서는 안 될 방위가 있다.
안 될 방위에 문을 낸다면 흉가가 되니까 말이다.

앞에서 잠시 언급되었던
귀문방이 바로 그것이다.

귀문 방위는 가옥이나 건물의 중심점에서
보아 북동쪽과 남서쪽을 말한다.

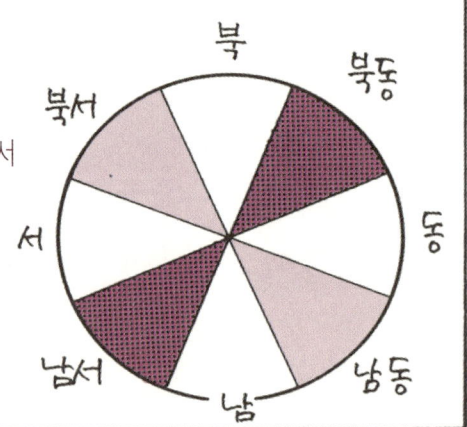

사실 귀문은 예로부터 여간 신경 쓰이는 방위가 아니었다.
자칫 잘못 취급했다가는 낭패를 보는 게 예사였으니까.

예를 들어보자.
이 귀문 방위인 남서쪽으로
출입문을 낸 야채가게의 경우,

오후가 되면 햇빛이 들어 실내 온도가
올라가면서 푸성귀나 쓰레기가 쉽게 상하여
퀴퀴한 냄새를 풍기므로 손님들이 불쾌한
느낌을 받게 된다.

그러면 귀문인 북동쪽에
출입문을 낸 경우는 어떻게 나쁜가?

남서쪽과는 달리 간방인
북동쪽은 햇빛이 별로
들지 않는 쪽이다.

눅눅하고 습하다 보니 물건이 상하기 쉽고
불쾌한 냄새가 나기 쉽다.
따라서 남서쪽과 북동쪽에는 상품을
진열하지 말아야 한다.

손님이 많이 드나드는 업종에서
북동쪽에 출입문을 내면 찾는
사람들의 발길이 뜸해지고
거래가 한산해진다.

일반적으로 가장 좋은 출입문 방위는
손방인 남동쪽이다.
이쪽에서는 신선한 바람이 불어와
실내를 산소로 충만하게 한다.

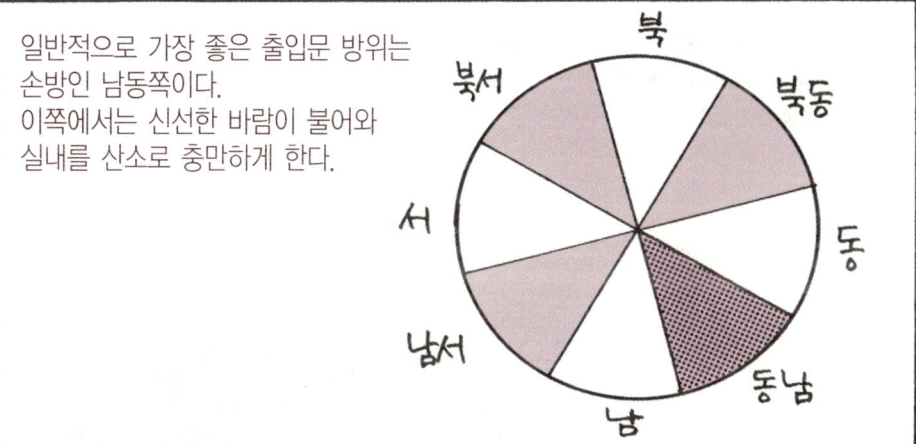

주역상 손(괘상)은 계절풍, 바다 또는 바람을 상징하기도 한다.
또 부드럽게 스며드는 성질을 뜻하고 자연스런
융화와 호응을 상징하여 매사 순조로움을
지니는 방위여. 그래서

손방으로 내는 출입문은 일반 주택이 제일 많다.
식당도 손방으로 출입문을 내는 것이
여러 가지로 유리하다.

동쪽인 진방은 천둥, 벼락을 뜻하며 움직임을
상징하는 방위이다. 신세계를 향한 개척이고
미지의 세계로 나아가는 진취적인 기상이다.

따라서 동쪽으로 출입문을
내어 유리한 업종은
새로운 아이디어를 창출하는
기획 사무실이나 제품 연구실
같은 곳이다. 무한히 커가는
힘을 가졌으니까.

남쪽으로 출입문을 내는 경우를 보자. 남쪽은 오방으로 오행에서는 불을 뜻하는 화에 속한다. 길한 가상에 자주 오문을 하고, 사무실도 정각형이며 오문이 때 제위치에 사장위치를 할 수 있다는 것을 명심하라.

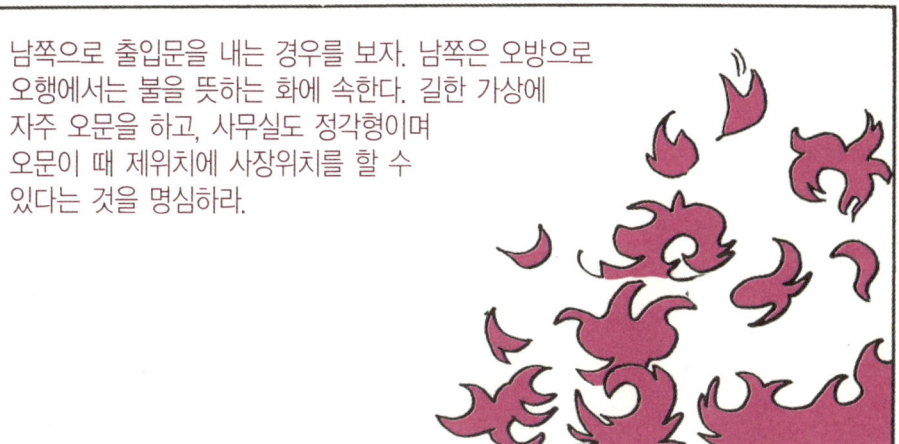

주역에서는 남쪽을 이방 이라 하여 따뜻함과 풍요로움을 뜻하기도 한다. 불을 의미하는 괘상이므로 명성을 드날릴 가능성이 높은 방위다. 또 계절로도 오곡백과에 완숙을 이루는 시기이니까.

따라서 세상에 이름을 널리 알려야 할 필요가 있는 연예인 사무실이나 정치가의 사무실에 남쪽 출입문을 내면 그 덕을 듬뿍 받을 수 있을 것이다. 특히 출마할 때 오방문이 길하다.

이밖에 북서쪽인 건방은 살림집 대문으로는 그런 대로 쓸 만하나 가게 또는 사무실로는 좋지 않다.
점수로 치면 30점.

고집 세워 그리로 문을 내 봤자 사업은 내리막길로 접어든 가능성이 짙다. 북쪽으로 출입구를 내도 마찬가지다.

다만 이 경우, 그 터가 명당임에 틀림없다면 문제는 달라진다.
명당의 효력이 나쁜 방위의 기세를 무마시킬 수 있기 때문이다.

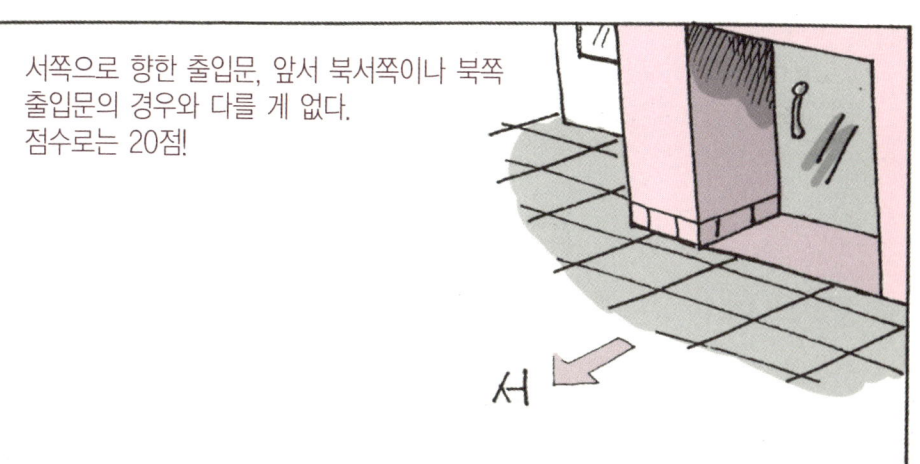

출입문을 정면으로 내지 말고 90도 각도로 돌려내는 방법이다.
우선 상층을 면하기도 하고

은행에서는 현금탈취범이 도주하는
시간을 지연시키는 목적으로
이용하기도 하는데
풍수상으로도
썩 환영받을 만한
아이디어다.
그도 그럴 것이.

북동쪽으로 향한 출입문을
이 방식으로 90도 돌리면
가장 좋은 남동쪽이 되니
얼마나 좋은가.

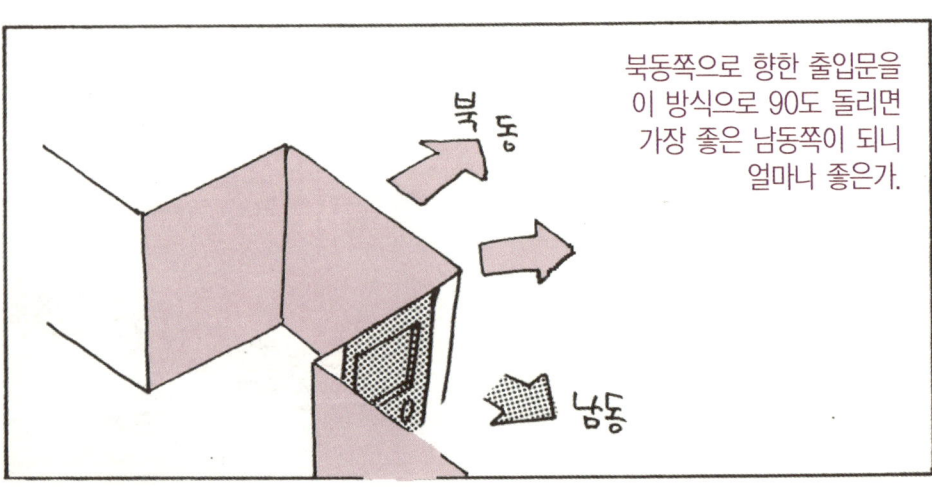

다른 경우도 매한가지!
좋지 않은 방위로 문을 내야 할 경우
속만 끓일게 아니다.

앞서 설명한 요령을 십분
활용하여 출입문의 방위를
길한 쪽으로 돌려주면
되는 것이다.

물론 제대로 출입문의 방위를
잡아 설치한 경우와 같을 수는 없겠지만
그러나 나쁜 방위에서 액을 피할
수는 있다. 그것만해도 어딘가!

5

만화로 보는 실전풍수 인테리어

돈 안들이고 부자되는
가계&회사 만들기

회사나 가게의 **화장실 방향**이
성공을 좌우한다

생활풍수 인테리어

잘되는 회사나 가게는 화장실 방향이 다르다

냄새와 기능이 그러해서 화장실은 누구나 일단 꺼리는 장소이다.

그러면서도 생리적으로 꼭 필요한 장소이기도 해서 그 설치에 너나 없이 신경을 쓰게 마련이다.

첫 번째 꺼리는 방위로는 귀문방.

귀문방에는 더러운 장소나 축축한 것, 그리고 화기를 띄는 물건을 설치하면 안 된다.

두 번째 꺼리는 방위는 여덟 개 방위가 통과하는
중심선 위에 화장실을 두면 안 된다.

이 중심선 위에는 화장실 외에도 출입문이나 가스레인지,
난로 따위를 놓아서도 안 된다.

기억해 둘 일!

요즘 복합 건물을 지어 아래층은 가게로 쓰고
위층은 살림집으로 쓰는 경우가 흔하다.

그런 자리를 얻어 가게를 하거나
집주인이 직접 가게를 운영할 때도
마찬가지다. 위층의 화장실이 있는 위치를
확인하여 아래층 가게의 출입문이나
계산대를 그 위치에 잡으면 안 된다.
문은 귀를 상징하는 곳이고
계산대는 주가 되는 곳이니까.

무엇보다 제일 꺼리는 구역이 머리 위에 있다는
생각만으로도 좋은 느낌을 지닐 수 없다.
그 느낌은 현실로도 그대로 작용하는 수가 많다.

그러면 이 골치 아픈, 그러나 없어서는 안 될
화장실은 어떤 방위에 있어야 좋은가?

일반적으로 영업 장소의 중심선에서 보아
북동쪽과 동쪽의 중간쯤, 남서쪽과 남쪽의 중간쯤이
무난하다고 본다. 특히 수세식 화장실은
이 방위로 설치하면 탈이 없다.

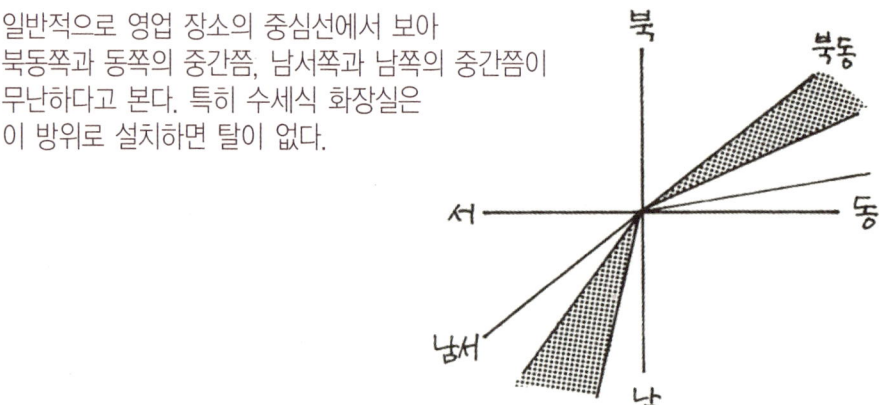

강조해 두거니와 화장실은 여덟 개의 방위가
지나는 선 위에 설치하면 안 된다.
나쁘다는 대목은 피하는 게 상책이다.
지유사세 기종팔방 이라는데
그 팔방위 선상에다 화장실을 내봐라.
'기' 가 끊기지.

기본적으로 알아두어야 할 생활풍수 인테리어

출입문이 동쪽일 때 사무실의 이상적인 자리 배치

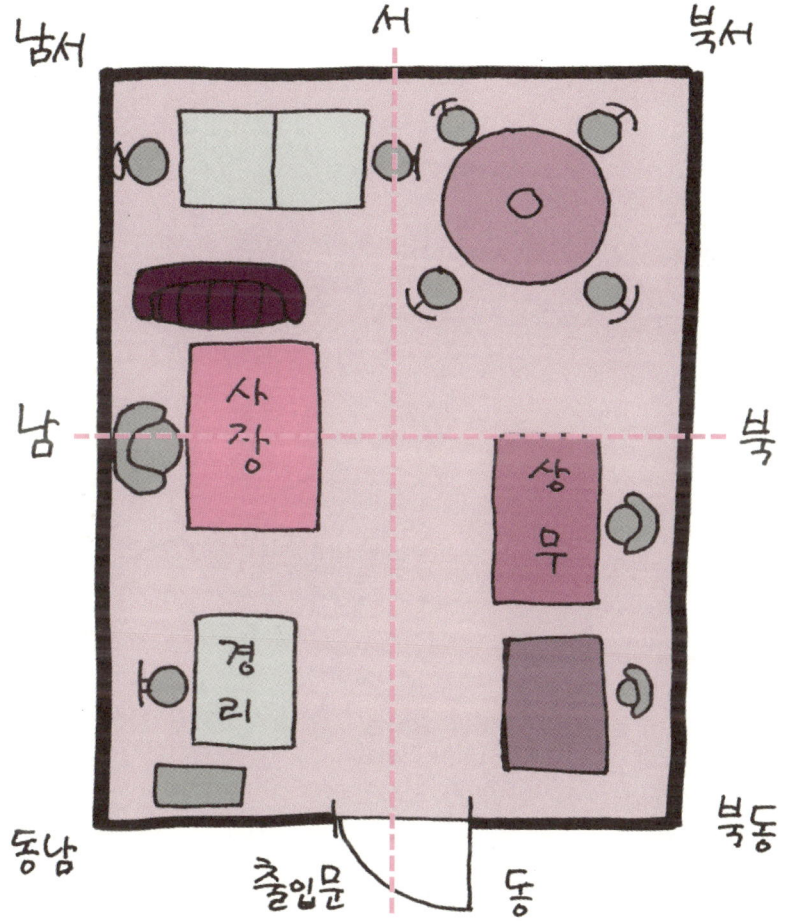

처음 시작한 회사는 사장의 책상을 사무실의 북쪽에 둔다.
그리고 어느 정도 기반이 잡히면 남쪽으로 옮기는 것이 부자되는 방법이다.

기본적으로 알아두어야 할 생활풍수 인테리어
업종에 따라 달라지는 출입문 방위

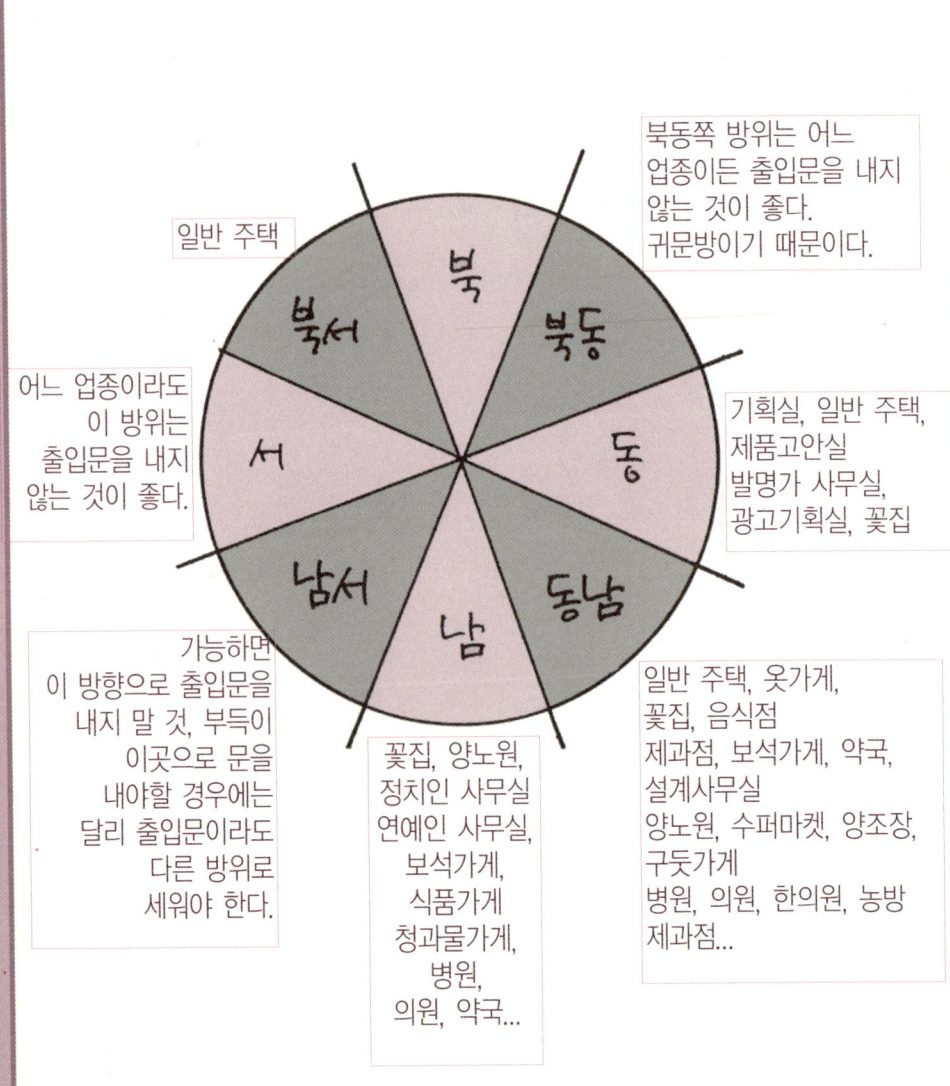

6

만화로 보는 실전풍수 인테리어

돈 안들이고 부자되는 가계&회사 만들기

옷가게, 의류계통 사업해서 부자되는

생활풍수 인테리어

돈 안들고 부자되는 옷가게는
북, 남동, 북서쪽 부분을 잘 이용해야 한다

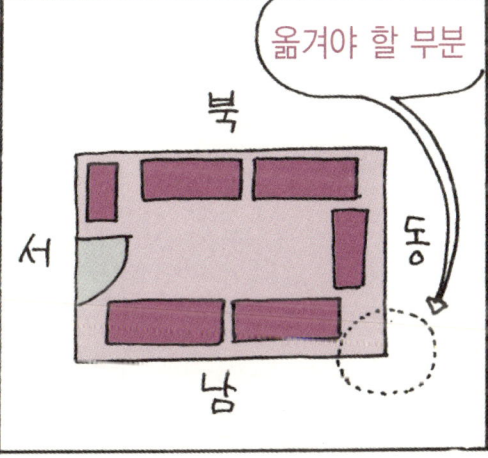

기본적으로 알아두어야 할 생활풍수 인테리어

옷가게나 옷에 관련된 가게를 하는 사람이 꼭 알아야 할 기본적인 풍수 상식

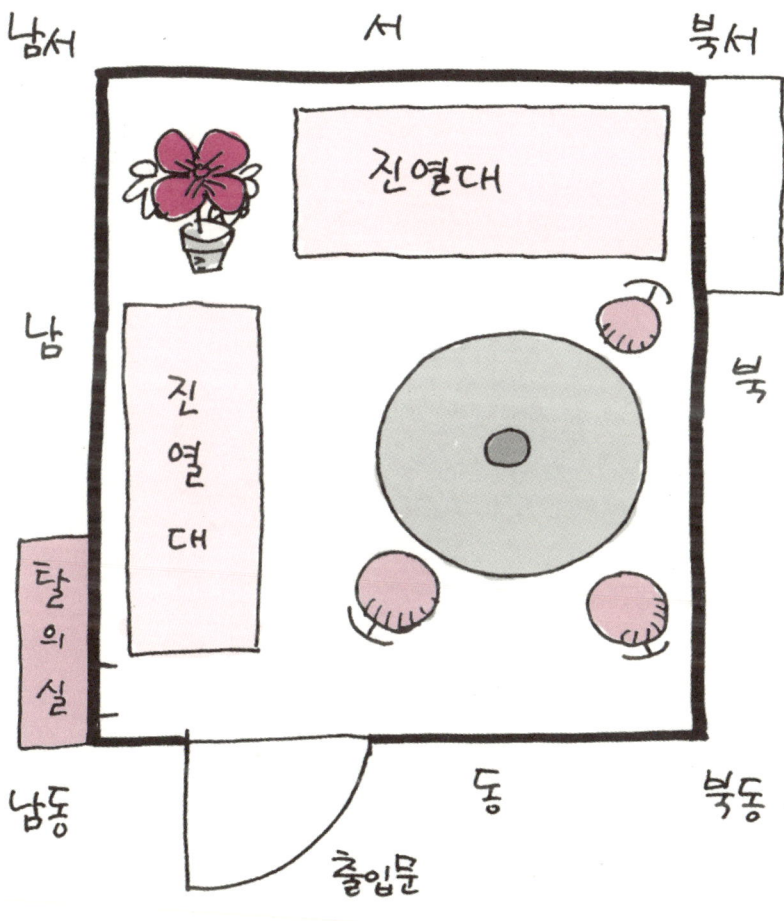

옷이나 천을 취급하는 가게는
북, 남동, 북서쪽 부분을 잘 이용해야 매상도 오르고 장사가 번창할 수 있다.

7

만화로 보는 실전풍수 인테리어

돈 안들이고 부자되는
가게&회사 만들기

주유소, 정유계통 사업해서 부자되는
생활풍수 인테리어

사무실의 위치가 중요

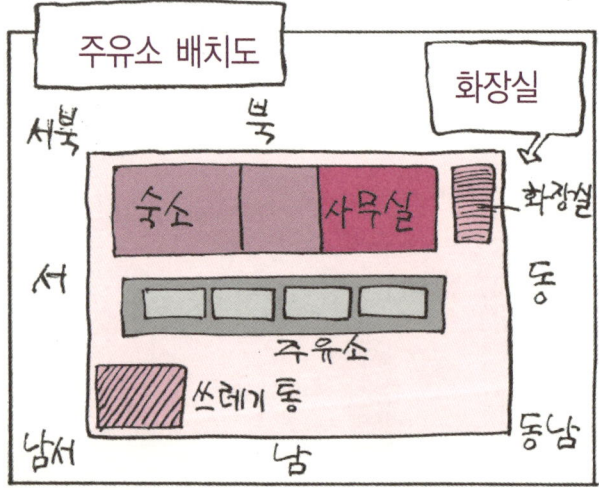

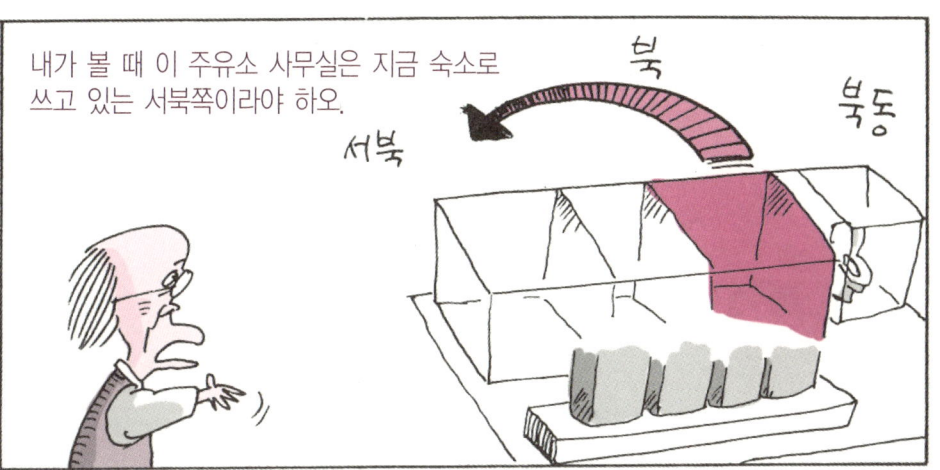

주역에서 건(괘)은 하늘을 상징하며 가족 관계에서는 아버지라는 뜻이다.

따라서 주유소 경영자가 있는 사무실은 그 터에서 제일 높은 건방에 위치해야 제격이고

사무실 안에서도 경영자의 자리는 건방(서북쪽)을 차지해야 좋다.

기본적으로 알아두어야 할 생활풍수 인테리어

주유소를 하는 사람이 꼭 알아야 할 기본적인 풍수 상식

주유소는 사무실의 위치가 중요하다.
특히 주유소 사장의 책상은 서북쪽 사무실의 서북쪽에 배치해야 한다.

화장실이나 쓰레기통을 북쪽이나 북동쪽, 남서쪽에 설치하면 안된다.

8

만화로 보는 실전풍수 인테리어

돈 안들이고 부자되는
가게&회사 만들기

제과점, 분식점 장사해서 부자되는

생활풍수 인테리어

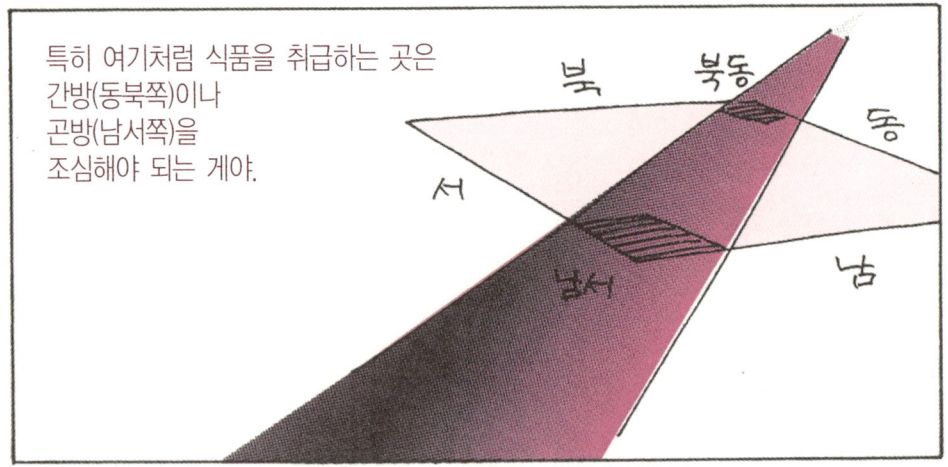

기본적으로 알아두어야 할 생활풍수 인테리어

제과점을 하는 사람이 꼭 알아야 할 기본적인 풍수 상식

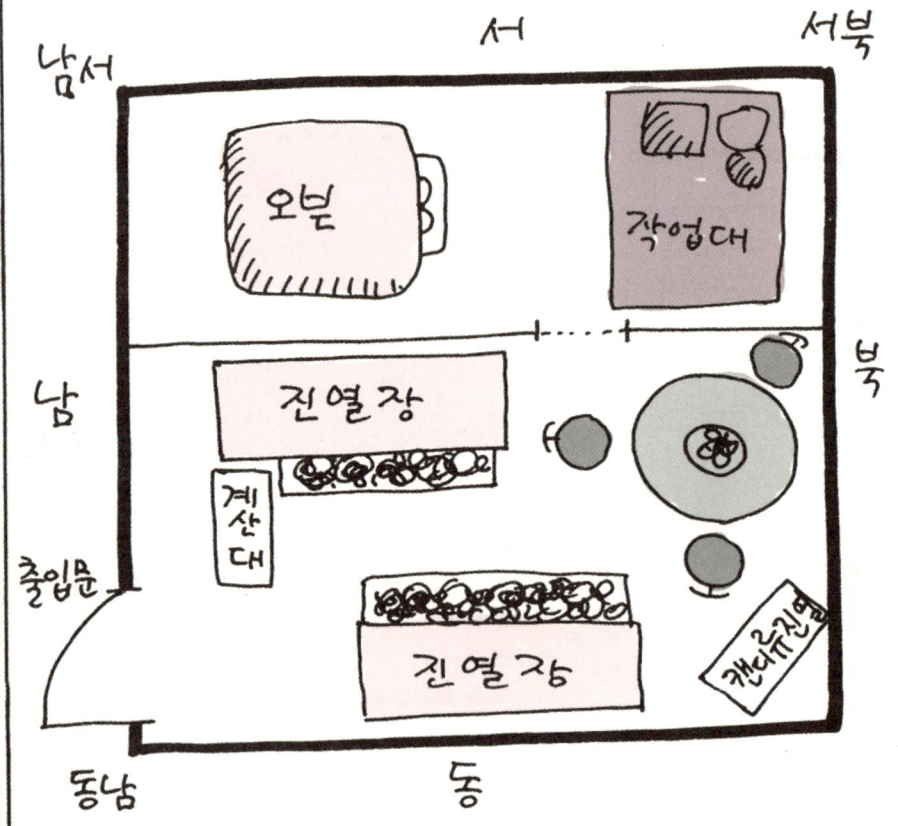

북쪽에 화장실이나 쓰레기통이 있으면 안된다. 남서쪽이나 북동쪽에는
상품 진열을 삼가고 항상 청결히 해야 한다.
출입문쪽도 마찬가지로 청결해야 한다.

9

만화로 보는 실전풍수 인테리어

돈 안들이고 부자되는
가계&회사 만들기

한의원, 한약 계통 개업해서 부자되는

생활풍수 인테리어

생명을 다루는 의사나 한의사, 약사는 자신이 사는 집도 결코 소홀히 여겨서는 안 된다.

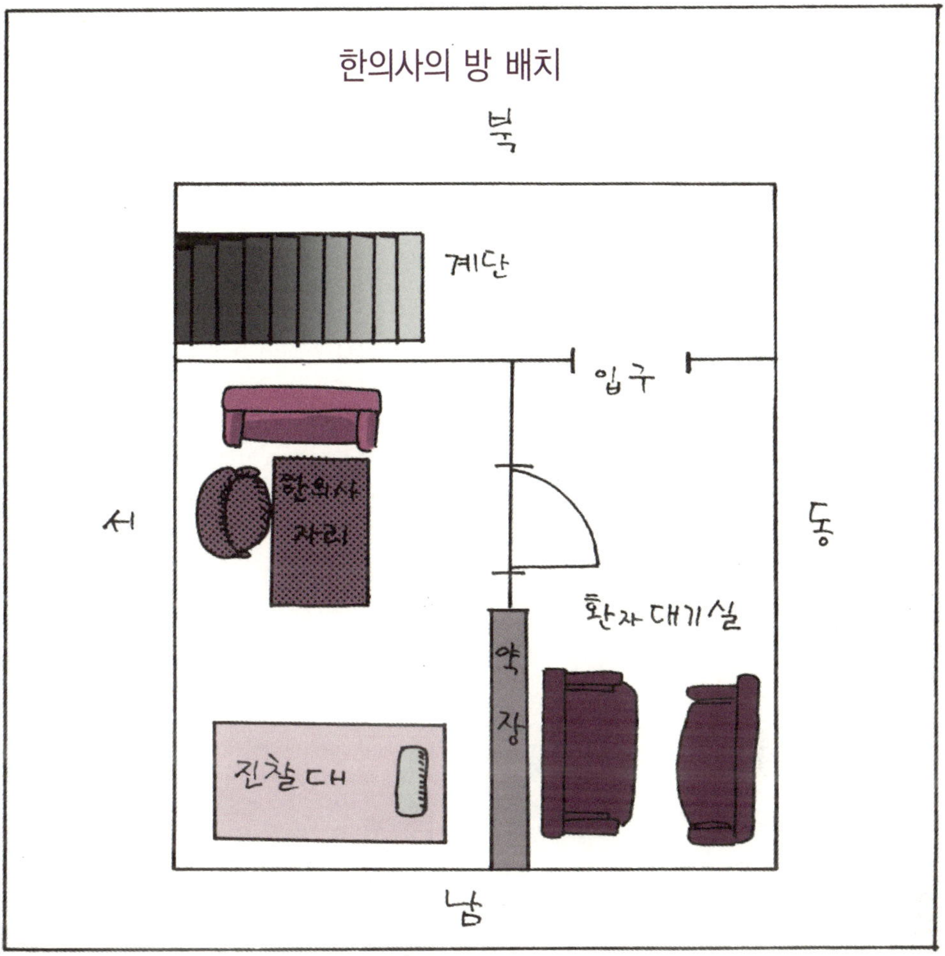

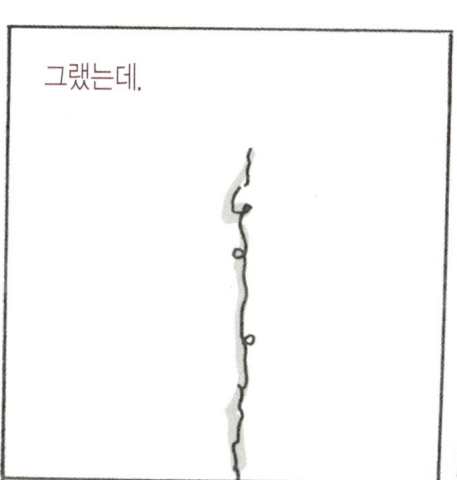

출입문이 동쪽이니 묘방이고 묘방은 오행으로 보면 목이다.
그런데 주인 자리가 서쪽인 유방이니 이것은 금이고,

목과 금은 상극. 서로 부딪치는 격이니 결국 목이 죽게 된다는 이치다.

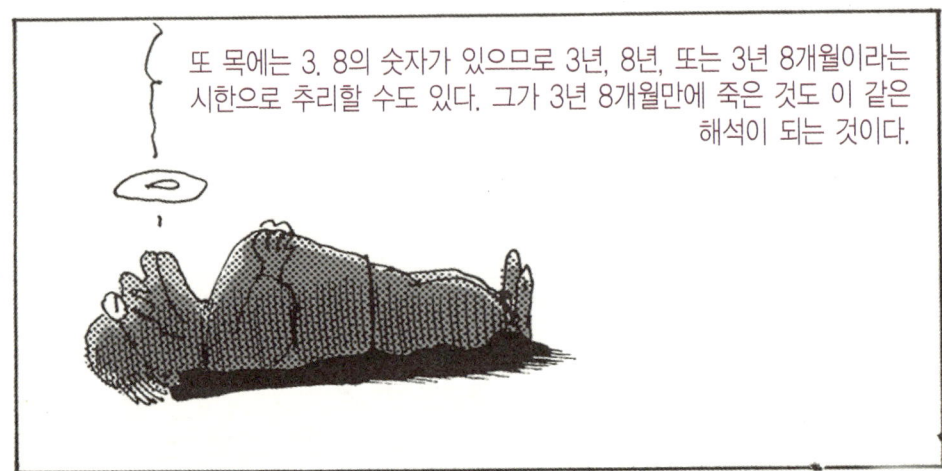

또 목에는 3. 8의 숫자가 있으므로 3년, 8년, 또는 3년 8개월이라는 시한으로 추리할 수도 있다. 그가 3년 8개월만에 죽은 것도 이 같은 해석이 되는 것이다.

좀더 얘길 한다면 남의 생명을 다루는 의사나 한의사, 약사는 자신이 사는 집도 결코 소홀히 여겨서는 안 된다. 호화 주택이냐 누옥이냐를 거론하는 게 아니다.

의사나 약사, 한의사의 집은 특히 북쪽과 동쪽 방향으로 화장실이나 보일러 따위를 배치하면 안 된다.

또 귀문방에 해당하는 북동쪽과 남서쪽에는 계단이나 현관을 내면 안 된다. 그것은 패어 들어간 가상을 만들기 때문이다.

기본적으로 알아두어야 할 생활풍수 인테리어

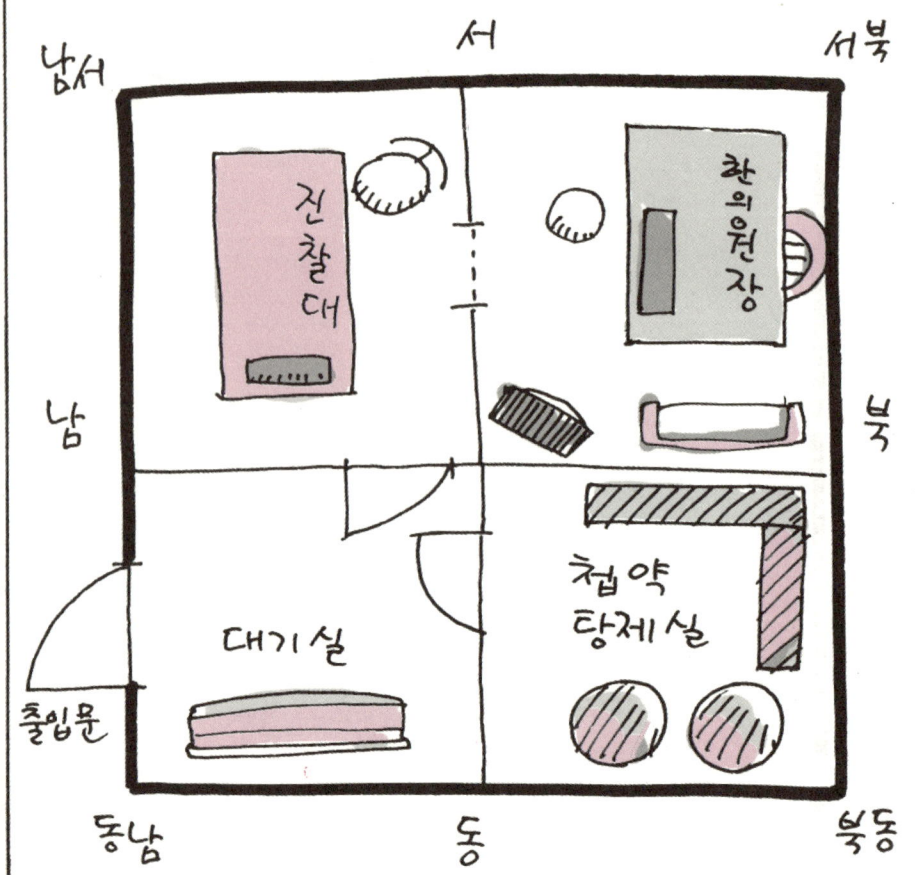

한의원을 하는 사람이 꼭 알아야 할 기본적인 풍수 상식

북동쪽 남서쪽으로는 엘리베이터, 회의실, 응접실, 계단 따위 시설을 설치하면 흉한 가상이 되므로 삼가야 한다.

10

만화로 보는 실전풍수 인테리어

돈 안들이고 부자되는
가계&회사 만들기

병원, 의원 개업해서 부자되는

생활풍수 인테리어

동쪽이나 북쪽으로 화장실이나 쓰레기장을 배치하지 말고 수술실 응급실은 북동, 남서쪽에 설치하지 말 것.

사람들은 의사라는 직업을 꽤 좋은 쪽으로 인식하고 있는 게 사실이다.

돈 잘 벌지, 사회적으로 존경받지.

그러나 당사자의 얘길 들어보면 꼭 그렇지만도 않다.

거, 속 모르는 소리 그만해요.

언제 사고가 생겨 욕을 먹게 될지 모르는 게 우리 입장이라고요.

오진이 없으라는 법도 없고 수술이 실패할 확률도 높고, 억지를 부리는 환자나 그 가족들 등쌀도 부지기수로 많지.

비공식 집계로 외과나 산부인과 의사들 중에는 종교를 가진 경우가 많다고 한다.

느닷없이 발생하는 수술 중의 사고나 실패에 대한 두려움을 덜기 위한 방편으로 신의 능력에 기대는지도 모른다.

그만큼 의료 사고는 자주 발생하는 편이고 그럴 때마다 그 수습이 난감해지는 경우가 많다. 그러나 그런 사고가 모두 의사의 탓일까?

요즘은 웬만하면 개업을 하는 추세다.
그러다 보니 병원, 의원이 많아지고
저마다 경쟁도 치열하다.

별로 거창하게 꾸미지 않은 병원, 의원이 잘되는가 하면,
많은 돈 들여 시설해 놓고도 적자 운영이나
문을 닫는 경우도 있다.

운영이 잘되고 못 되는 것이 오직 의사의 의술에만
달린 것일까? 때로는 다른 원인일 수도 있다.

의사가 의원을 개업할 때 최첨단 의료 장비를
갖추는 것도 물론 중요하다.

그러나 그와 더불어 기왕이면
좋은 운이 따르는 위치를 알아
내어 가구와 공간을 배치한다면
그야말로 금상첨화가 된다.

말이 났으니 말이지 점보 제트기 앞에서, 또는 인공위성 발사를 눈앞에 두고
고사를 지내는 게 우리의 현실이다.
결코 웃을 일이 아니다.

병원, 의원의 길흉은 방위에 있다.
출입문, 화장실, 보일러,
정화조, 쓰레기장, 수술실,
엘리베이터, 주방 등을 설치해도 되는
위치가 따로 있다.

첫째로 불결한 의미를 지닌 화장실, 정화조,
쓰레기장을 묘방(동쪽)이나
자방(북쪽)에 두면 나쁘다.

두 번째, 수술실이나 응급실을 북동쪽이나
남서쪽인 귀문방에 두면 안 된다.
이것은 화를 불러들이는
것이나 다름없다.

세 번째, 난방이나 조리를 위한 주방도 동쪽이나 북쪽은 피해야 한다.

끝으로 정문(출입문)은 어느 방향이 좋은가? 아무래도 동쪽이나 동남쪽이 좋다.

다만 위치나 건물 형편상 부득이 할 때는 남쪽이나 북쪽으로 정문을 내도 된다. 그러나 북동과 남서 방향은 아무리 여유가 있더라도 그리로 문을 내면 안 된다.

양택 풍수상 제일 꺼리는 방위가 귀문방임은 익히 알려진 사실.
그걸 모르고 그리 문을 낸 병원, 의원의 경우 의료 분쟁이 자주 일어난다.

출입문뿐만 아니라 화장실이나 쓰레기 보관 장소도 귀문방에 두면 안 된다.
악취와 세균 번식이 어느 곳보다 성하기 때문이다.

잘되는 병원이나 의원을 눈 여겨 살펴보면 알게 모르게 풍수의 양택 이론이 잘 적용되었음을 쉽게 발견할 수 있다.

기본적으로 알아두어야 할 생활풍수 인테리어

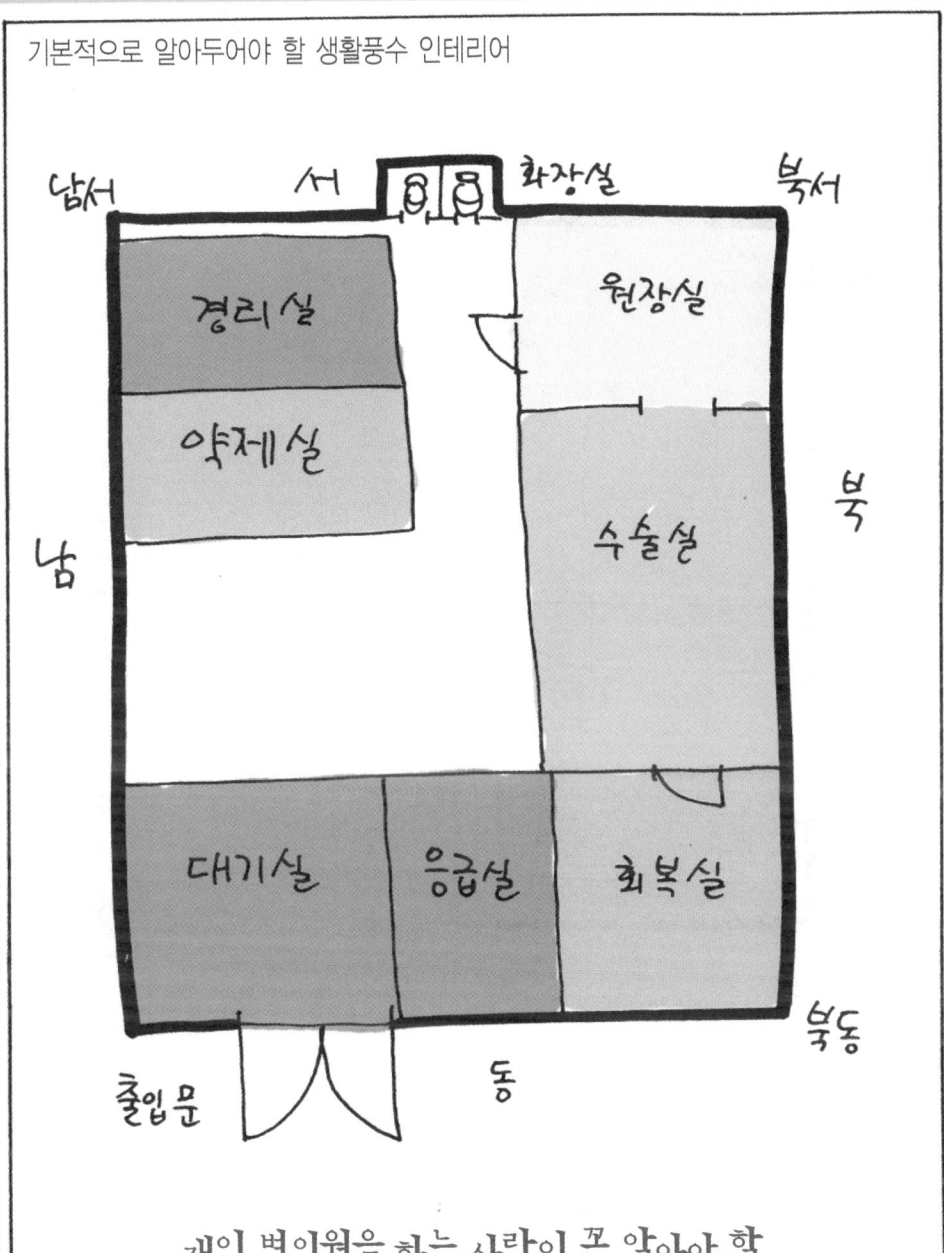

개인 병의원을 하는 사람이 꼭 알아야 할 기본적인 풍수 상식

동쪽이나 북쪽으로 화장실이나 쓰레기장을 배치하지 말 것.
수술실 응급실은 북동, 남서쪽에 설치하지 말 것.

11

만화로 보는 실전풍수 인테리어

돈 안들이고 부자되는
가게 & 회사 만들기

식당, 음식점해서 부자되는
생활풍수 인테리어

화장실이나 쓰레기장을 북동쪽이나 남서쪽인 귀문방에 만들지 말 것

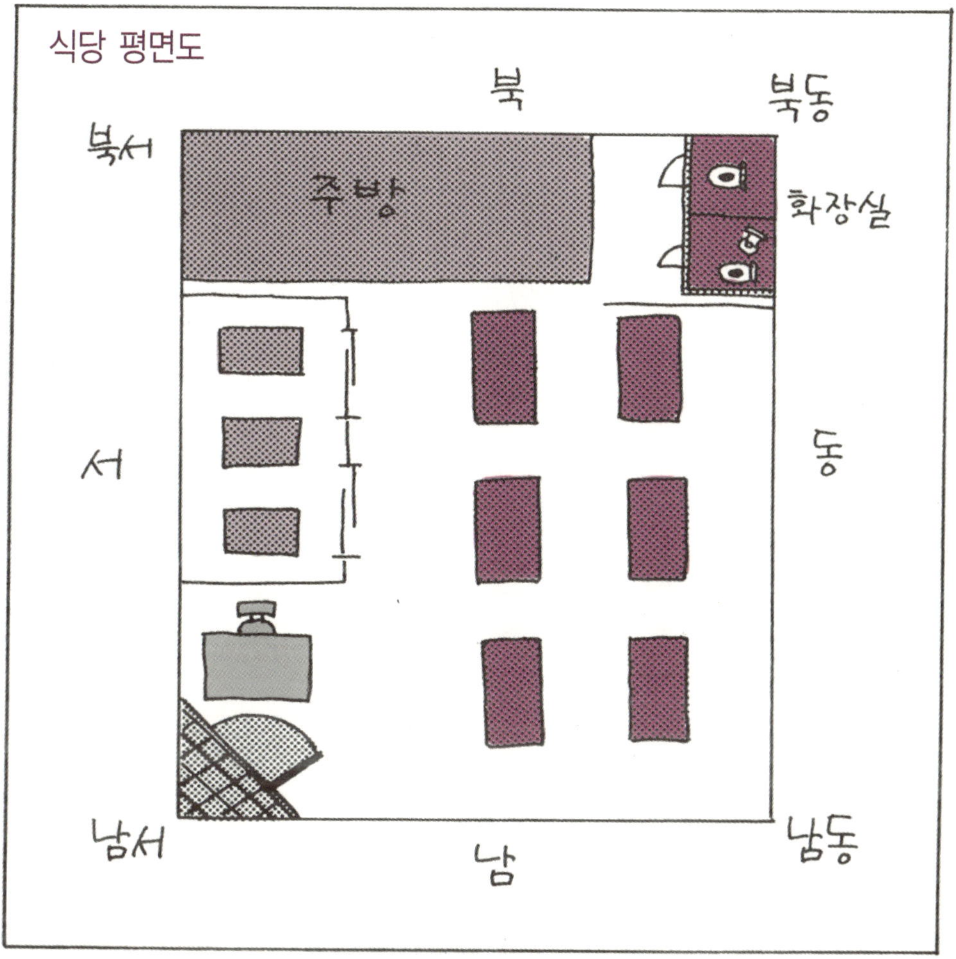

식당 평면도

북서 · 북 · 북동
서 · 동
남서 · 남 · 남동

주방 · 화장실

첫째, 화장실 위치가 나쁘다 그거요.

귀문방에 화장실이 있으니 장사가 잘 될 리가 없고,

요즘 큼직한 갈비집에 가보면 실내에 분수다 물레방아다 해서 보기에도 시원하게 장식을 해 놓았다.

고기를 굽느라 후끈대는 분위기와 시원한 물을 썩 잘 어울리는 분위기로 연출하기도 하고 또 그런 분위기가 길한 쪽으로 작용하는 것도 사실이다.

더러는 집을 따로 두고도 오가는 게 귀찮다 해서 주인이 아예 가게에서 자고 먹고 지내는 경우도 있는데 그건 바람직하지 않다. 그곳은 엄밀히 따지면 영업 장소이지 집이 아니므로 건강을 해치기 십상이다.

기본적으로 알아두어야 할 생활풍수 인테리어

음식점을 하는 사람이 꼭 알아야 할 기본적인 풍수 상식

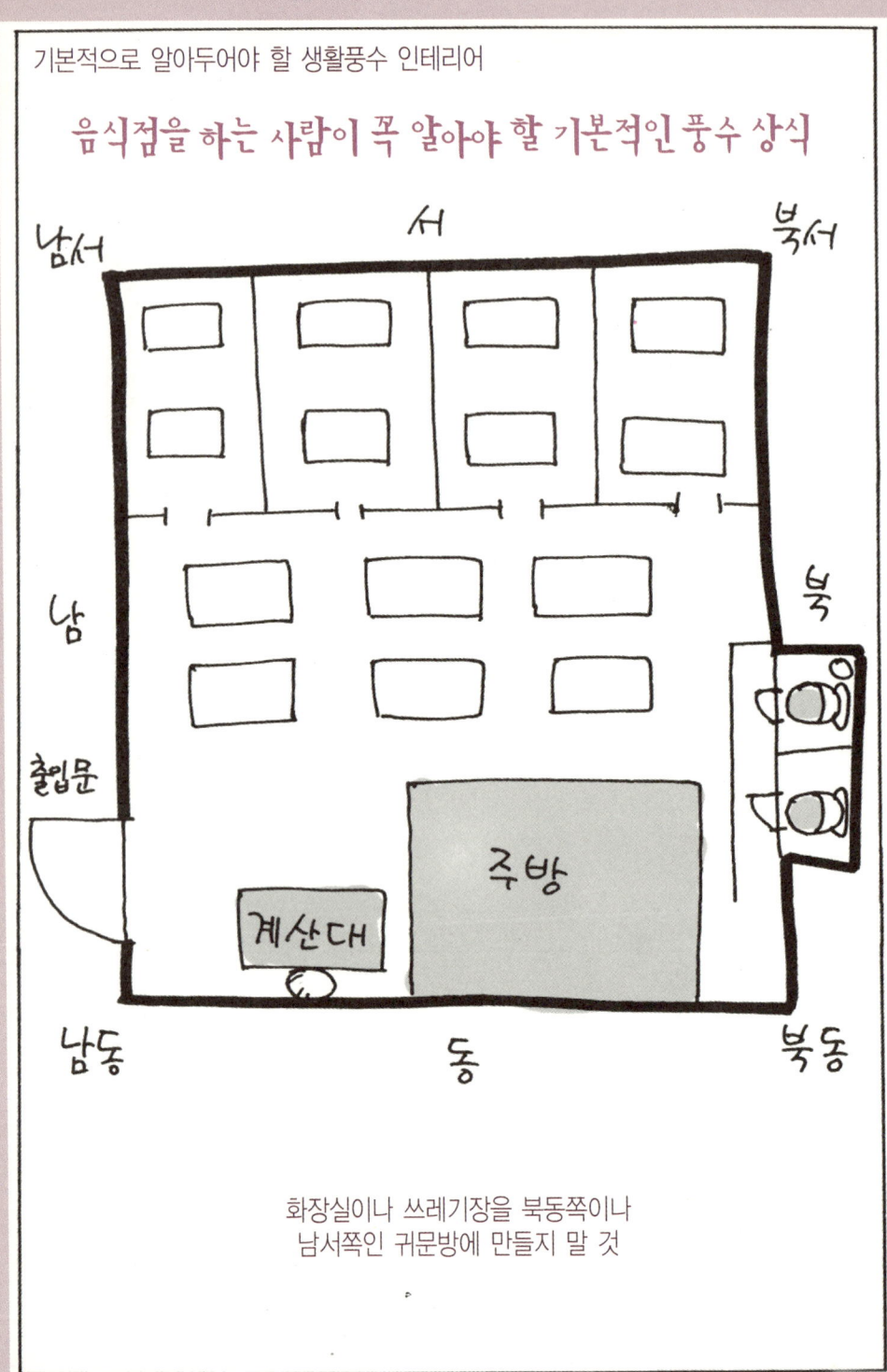

화장실이나 쓰레기장을 북동쪽이나
남서쪽인 귀문방에 만들지 말 것

12

만화로 보는 실전풍수 인테리어

돈 안들이고 부자되는
가계&회사 만들기

신발가게, 구두가게 해서 **부자되는**

생활풍수 인테리어

20년 넘게 구두 장사를 해 온 김 아무개.

구두나 신발을 진열할 때는 동쪽, 남쪽, 남동쪽에 치중해야 손님을 끌 수 있다.

그 동안 모은 돈을 합쳐 좀더 큰 가게로 옮길 예정인데,

옮기기 전에 선생님께 한번 여쭤 보고 나서 결정할 생각으로.

····

어디 한번 가 봅시다.

사실 가게 자리를 얻긴 했지만 찜찜해서 말이죠.

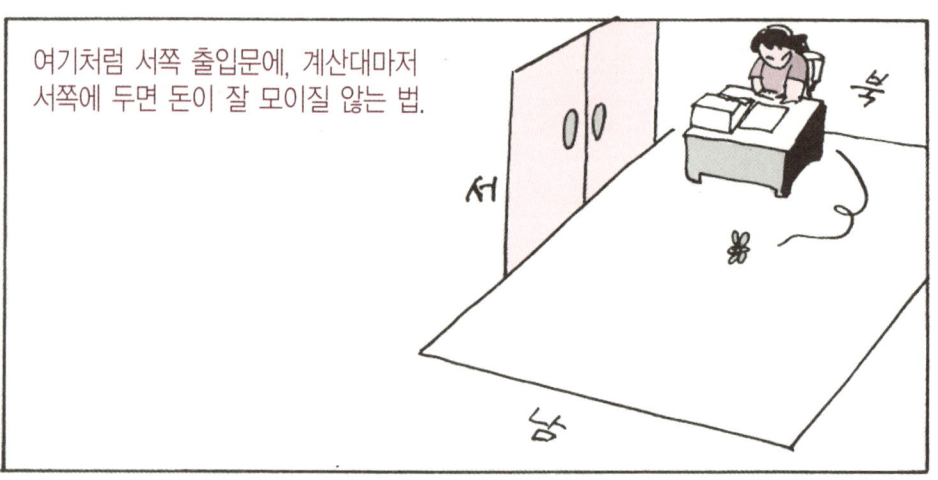

13

만화로 보는 실전풍수 인테리어

돈 안들이고 부자되는
가계&회사 만들기

자동차, 운수 계통 사업해서 부자되는

생활풍수 인테리어

사무실 출입문을 '귀문방'인 남서쪽이나 북동쪽으로 내면 안 된다

제 말씀 좀 들어 보실랍니까?

. . . .

십오륙 년쯤 관광버스 운전기사로 일한 끝에

나름대로 요령도 생기고 나이도 들었고 해서.

친구 몇 명이 모여 사업체를 만들었지요.

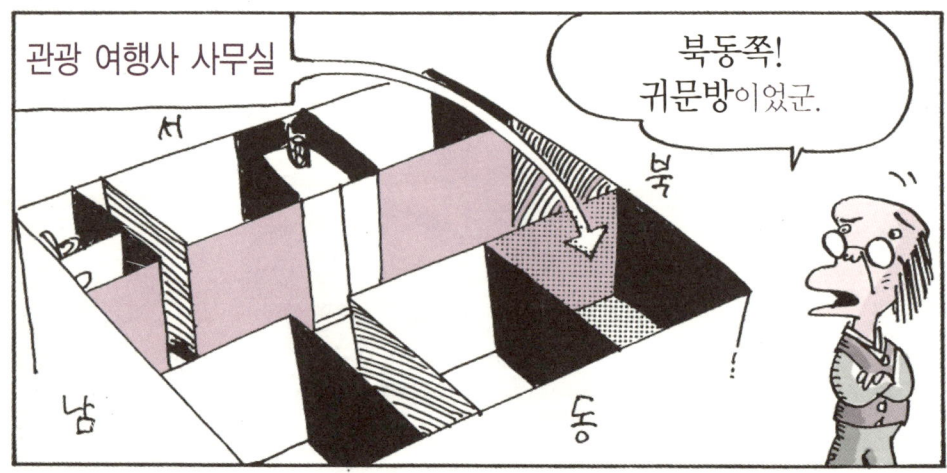

중요한 것은 사무실 출입문의 위치다.
사무실 출입문을 '귀문방'인
남서쪽이나 북동쪽으로
내면 안 된다

또 서쪽으로 출입문을 내는 것도 안 된다.
좋은 일보다 나쁜 일, 흉한 일을
불러들이는 원인이 되기 때문이다.

관광여행사의 출입문은
동쪽과 남쪽이 제일
좋은 방위다.

뭘 모르는 요즘 젊은 사람들이 남다른 걸 좋아해서 이상한 형태의 건물을 짓기도 하는데,

그것이 풍수지리에서 언급하는 흉격에 해당한다면 꼼짝없이 화를 당할 수도 있다.

모르고 지은 집이라 해서 화가 비껴 갈 리 없으니 조심할 일이다. 그렇다고 일단 지은 집을 쉽게 허물 수도 없다. 집을 어디 한두 푼으로 지을 수 있는가.

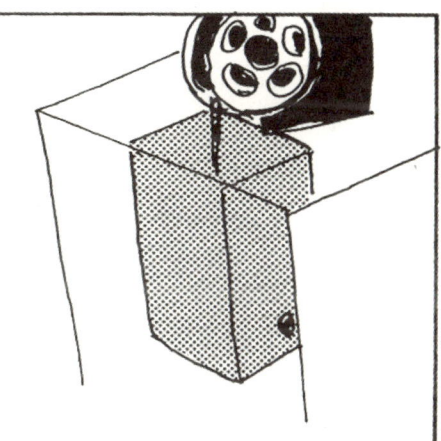

14

만화로 보는 실전풍수 인테리어

돈 안들이고 부자되는
가계&회사 만들기

보석, 시계, 악세사리 장사해서 부자되는

생활풍수 인테리어

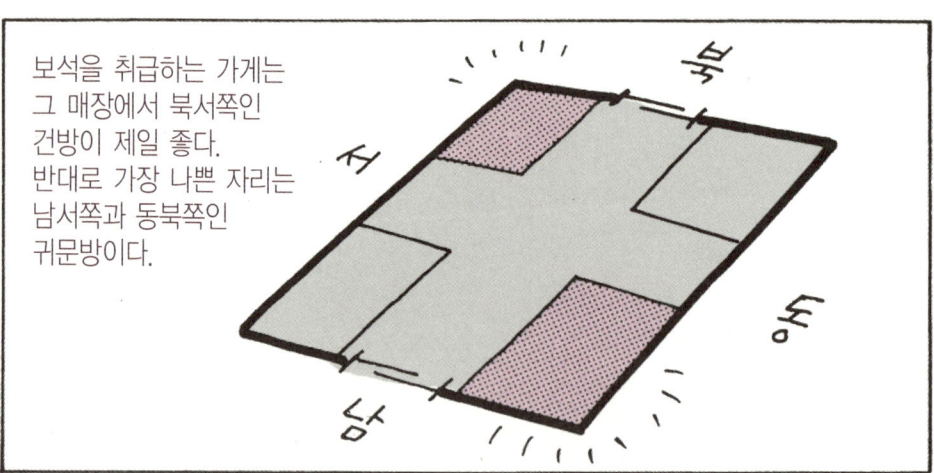

보석을 취급하는 가게는 그 매장에서 북서쪽인 건방이 제일 좋다. 반대로 가장 나쁜 자리는 남서쪽과 동북쪽인 귀문방이다.

또 출입구도 함부로 설치하면 자칫 화를 불러들이기 십상이다.

귀문방으로 출입구를 내면 도둑이 들기도 하고 여러 가지 손재수가 닥치기 쉽다.

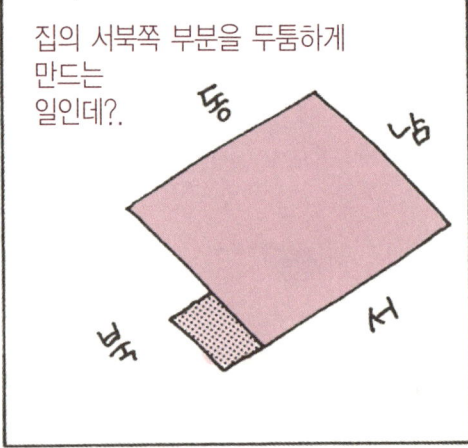

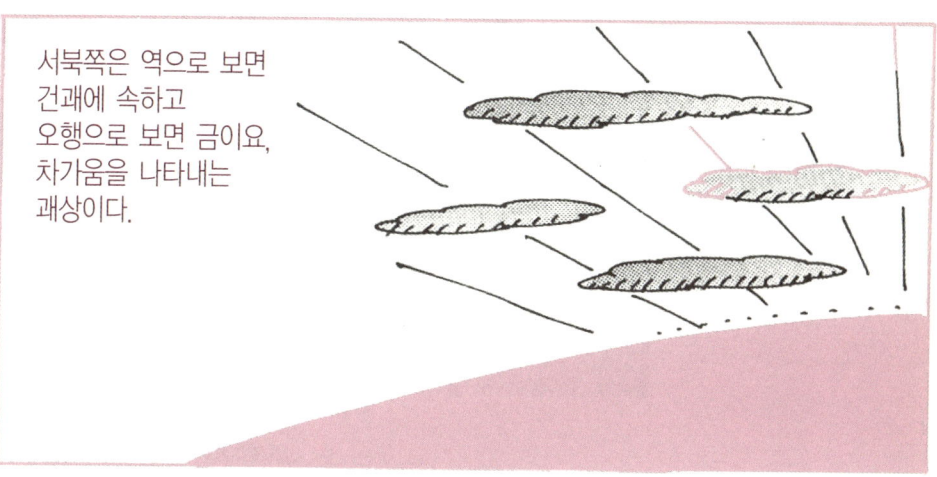

서북쪽은 역으로 보면 건괘에 속하고 오행으로 보면 금이요, 차가움을 나타내는 괘상이다.

또 서북쪽을 사물에 비한다면 산호, 진주, 금강석, 금, 은, 광석, 유리, 칼, 반지, 시계, 목걸이 등이고…

가상의 경우에는 서북쪽이 길상일 때 아랫사람을 잘 만나 그 덕에 사업이 발전할 뿐만 아니라 주위에 평판이 좋아지고 신용을 얻어 성공하게 된다. 특히 금장사는 신용이 제일이니까 말이다. 건괘가 신용의 괘이다.

15

만화로 보는 실전풍수 인테리어

돈 안들이고 부자되는
가계&회사 만들기

건축회사 계통 사업해서 부자되는

생활풍수 인테리어

남서쪽이 흉상인 집의 예

남서쪽 방위에 변소, 우물,
부엌, 욕탕, 연못이 있는 경우,

남서쪽 부분에 너무 크게
불쑥 튀어나온 별채나 구조가
있는 집, 반대로 푹 패어 들어
갔거나 일그러진 부분이
있는 경우,

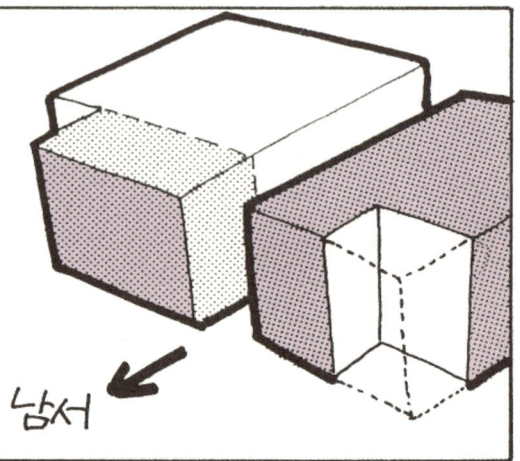

남서쪽에 2층이 있고 반대쪽인 북동쪽에는 단층인 집,
그쪽에 물구덩이가 있어 질떡거리는 집도 다 흉상이다.

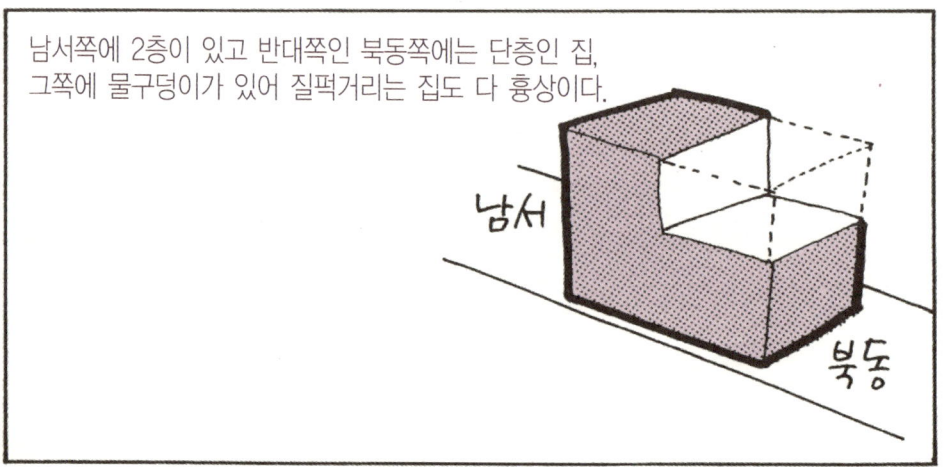

반대로 길한 집의 예를 들자면,

남서 방위가 평이한 집이 길상.

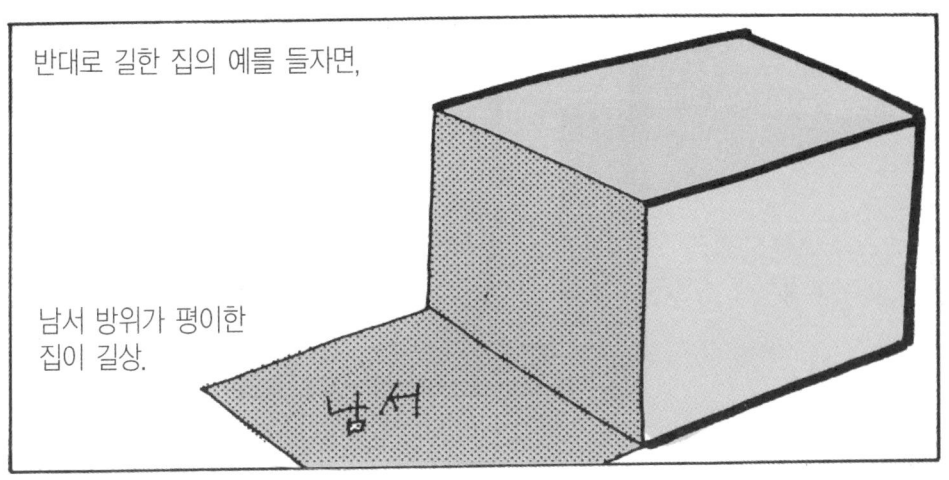

남서쪽은 낮고 북동쪽이 높아야 하며, 남서쪽은 단층이고 북동쪽은 2층으로 지어진 집이 길상이다.

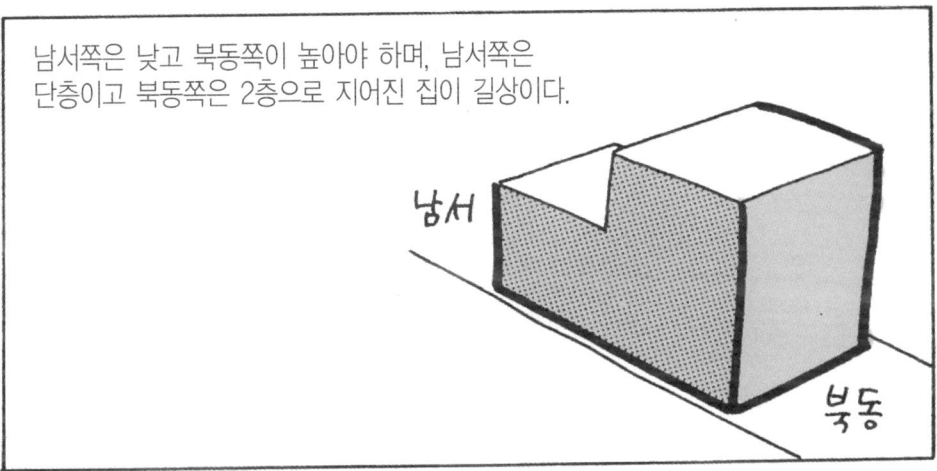

또 한가지, 남서쪽에 고층 건물이 막아서지 않고 탁틔어야 좋은 자리다. 좋은 자리라야 사업이 번창하게 되는 법이다.

16

만화로 보는 실전풍수 인테리어

작은 평수로 시장에서 장사해서 부자되는

생활풍수 인테리어

> 야채나 과일처럼 쉽게 변질이 되는 상품은 남쪽이나 북쪽 둘 중에 한쪽을 정해 진열하면 잘 팔린다.

싹이 하나 움이 트는 것도 햇볕의 따스함과 적당한 습기를 머금은 땅의 조화! 그 오묘한 섭리가 절묘하게 작용할 때 비로소 가능한 법이거늘.

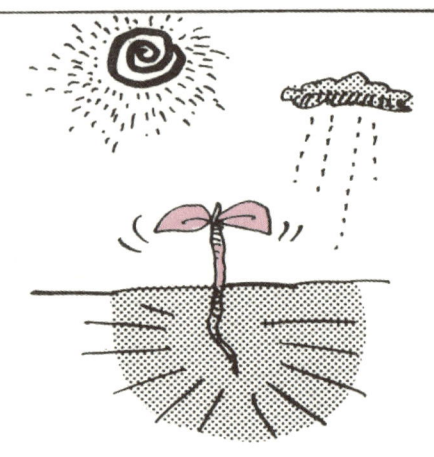

하물며 사람이 하는 일이 잘 풀린다는 게 그리 쉬운 게 아니다. 그야말로 모든 조건들이 제대로 조화를 이뤄 줘야 하는 것이다. 그게 바로 세상 이치다.

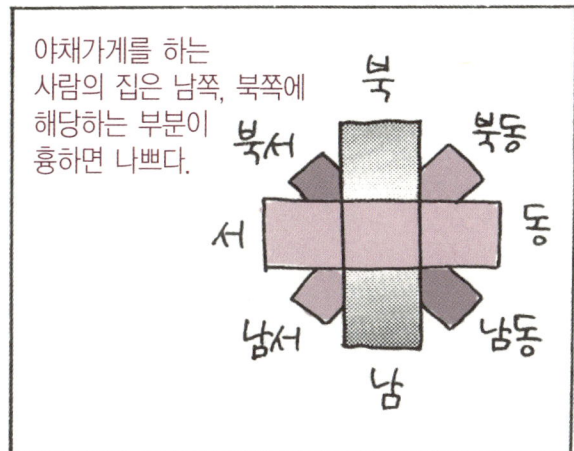

17

만화로 보는 실전풍수 인테리어

꽃집 계통으로 장사해서 부자되는

생활풍수 인테리어

꽃이나 분재 같은 관상식물은 8방위에서 북쪽, 동쪽, 동남쪽, 그리고 남쪽이 어울리는 방위이다.

따라서 이런 가게는 북쪽, 동쪽, 남동쪽 그리고 남쪽에 각별히 신경을 써서 부정을 타는 일이 없도록 해야 한다. 이것은 관상식물이 갖는 기의 속성을 거스르지 않으려는 뜻이기도 하다.

상품인 꽃의 속성을 잘 이해하고 방위와 조화를 이루는 것이 성공의 지름길!

아울러 꽃집은 환기 시설에도 특히 신경을 써야 한다.

꽃집의 경우 배수구를 내면 흉조가 되는 방위와
쓰레기를 놓아서는 안 되는 방위가 같다.
그 방위는 북, 남동, 동쪽이다.

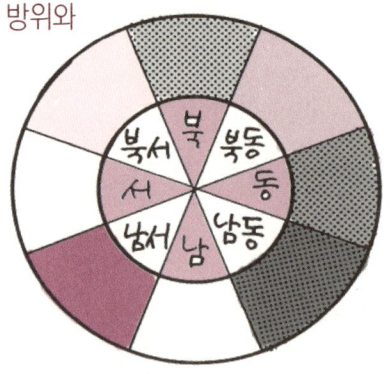

또 귀문방인 북동쪽과 남서쪽도 안 된다.
그 방위로 출입문도 만들면 안 된다.
액운을 불러들이는 짓이기 때문이다.

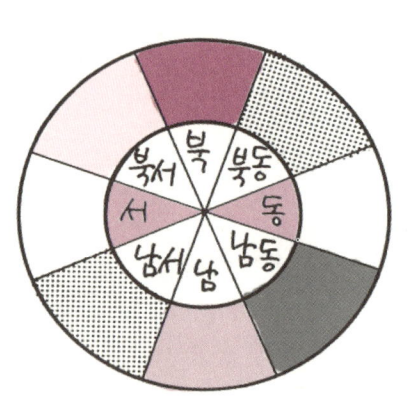

그러면 출입문은 어느
방위가 길상일까?
좋은 기를 듬뿍 받아들여
매장 안을 생기 넘치게 하고
행운도 불러들이는 그런
출입문!

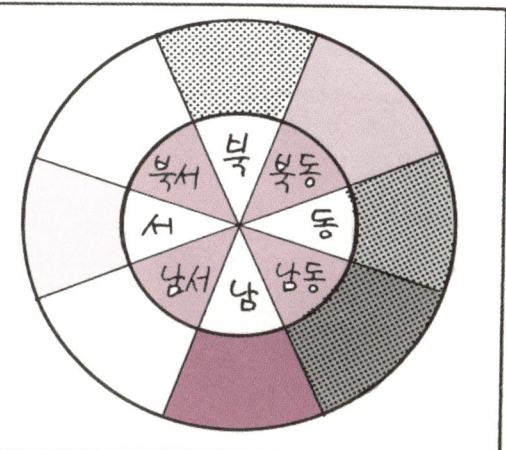

동쪽, 남동쪽 북쪽이 그런 출입문이다.

이렇게 세 군데 방위 중에 편리한 곳으로 출입문을 내면,

매상도 오르고 가게가 번창하게 되지.

아....

그럼 아예 북쪽, 동쪽, 남동쪽으로 문을 하나씩 내면 훨씬 더 좋아지겠네요?

두말하면 잔소리지!

나쁘다는 말씀인가요?

거봐요, 당신은 괜히...

18

만화로 보는 실전풍수 인테리어

돈 안들이고 부자되는
가계&회사 만들기

소망이 손님처럼 찾아와 부자가 되게 하는
행운의 업종별 출입문

생활풍수 인테리어

기본적으로 알아두어야 할 생활풍수 인테리어
업종별, 길한 출입문

동쪽
설계 사무소, 기획 사무실, 음식점, 어물 가게,
야채가게, 빵집, 병원, 의원, 약국, 슈퍼, 구둣방,
보석상, 사진관, 백화점, 화장품점, 운수회사,
유료 양로원, 화원, 건축회사 등.

동남쪽
큰 시장, 음식점, 어물 가게, 주류 취급상, 야채가게, 빵집, 병원,
의원,
구둣방, 가전제품상, 가구점, 약국, 백화점, 옷가게, 목공소,
운수회사, 유료 양로원, 보석상, 사진관, 화장품점,
화원, 건축회사 등

남쪽
야채가게, 빵집, 병원
의원, 정치인 사무실, 광고회사,
약국, 백화점, 가전제품상, 음식점, 어물 가게,
사진관, 화장품점, 운수회사, 가구점, 보석상, 구둣방,
유료 양로원, 화원, 건축회사.

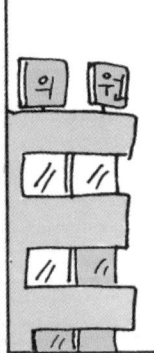

19

만화로 보는 실전풍수 인테리어

돈 안들이고 부자되는
가계 & 회사 만들기

소망이 손님처럼 찾아와
부자되게 하는 도로에 관한

생활풍수 인테리어

도로에는 사람과 차량만 다니는 게 아니다.
보이지는 않지만 바람도 흐른다.

도로 양쪽에 고층 빌딩이 숲을 이룬 곳에는 빠르고 강한 바람(살풍)이 불고,

완만한 경사와 너른 길에는 부드러운 바람이 분다. 풍수는 바람을 잡는, 다시 말하면 모진 바람(살풍)을 피할 수 있는 자리를 찾는 방법이기도 하다.

양택 풍수든 음택 풍수든 바람과 물에 대한 대처가
제일 중요한데,

거센 물과 바람이 집이나 무덤을 향해 달려드는 자리라면?
그런 자리는 흉지 또는 망지라 한다.

그런 자리에 있는 무덤의
후손이나 그런 집에 사는 사람은 하는
일마다 실패하고 재난과 불행이
덮치게 되기 때문이다. 예삿일이 아니다.

좋은 도로는 건물의 앞을 지나는 것이다.

이때 바람은 건물의 앞을 스쳐지나가므로 해를 주지 않는다.

원래 물길과 바람은 집이나 무덤과 마주치지 말고 옆으로 감싸고 돌아가야 길하다고 했지.

그러면 나쁜 도로에는 어떤 형태가 있는가? 건물을 향해 곧장 달려드는 형국의 도로가 제일 나쁘다.

물과 바람이 막힘 없이 달려와 부딪치는 형국이다. 이런 건물에 입주한 업체는 날이 갈수록 실적이 하향 곡선을 그리게 된다.

즉 사업이 부진해지고 사람이 액을 당하여 재산을 탕진하거나, 신세 망치는 일이 발생하기도 한다.

또 건물을 향해 뱀이 기어오듯 구불구불하게 다가오는 도로도 흉한 상이다.

그리고 건물 앞으로 여러 갈래의 길이 모여드는 경우도 나쁘다. 살풍을 맞으니까.

이런 건물에 입주한 업체는 사장 신상에 좋지 않은 일이 생기는 경우가 많다. 회사도 망하고

그림처럼 도로가 건물의 삼면을 에워싼 경우는 어떤가?

흉하지! 저건 아주 흉해.

특히 건물의 서쪽, 북쪽, 동쪽을 도로가 지나는 경우.

20

만화로 보는 실전풍수 인테리어

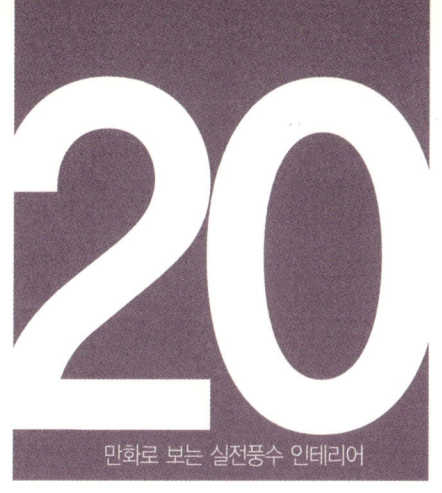

돈 안들이고 부자되는
가계 & 회사 만들기

소망이 손님처럼 찾아와
부자되게 하는 **택지**에 관한

생활풍수 인테리어

자고로 주택이나 건물을 짓는 터는 네 귀가 바른 모양이 제일 좋다고 했다.

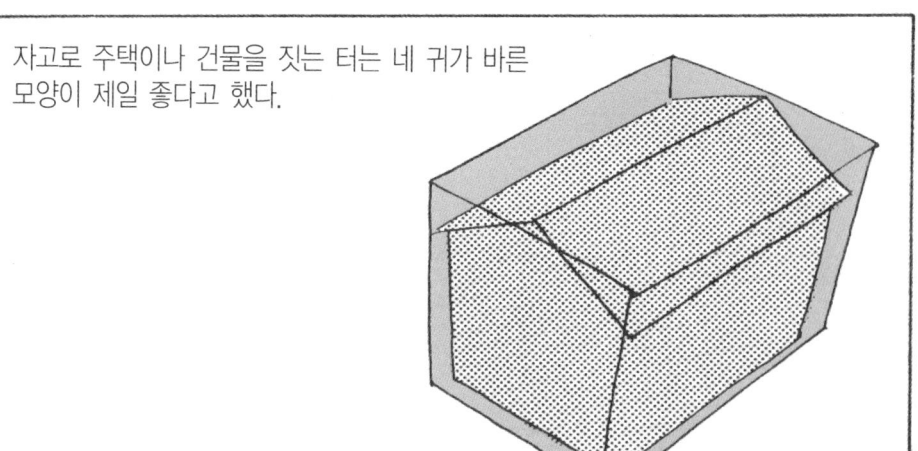

그것도 정사각형보다는 4 : 3의 비율인 직사각형이 으뜸가는 길상이라 했다.

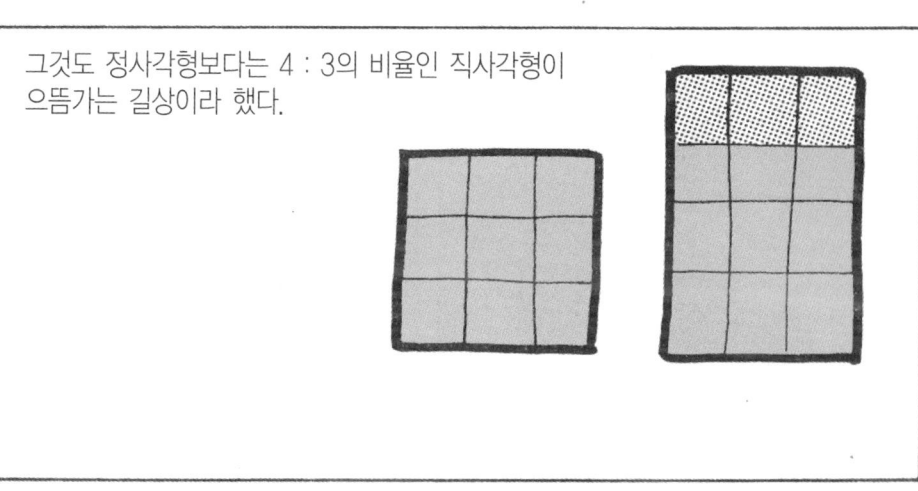

이런 택지에는 네 귀 반듯한 건물을 세우고도 네 귀 바른 마당이나 정원을 꾸밀 수 있으니 더없는 길상이다.

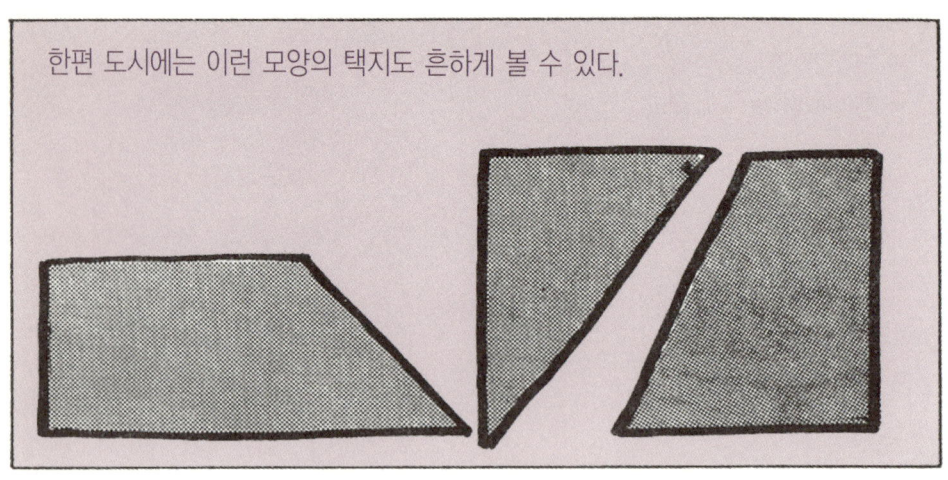

한편 도시에는 이런 모양의 택지도 흔하게 볼 수 있다.

만일 이런 택지에 건물을 짓는다면,

건물은 반듯한 길상이 되었으나 마당이 흉하므로 전체가 흉상이 되고 만다.

이때는 이 부분에 담을 쌓아 각이 반듯한 마당을 만들거나,

아니면 세모난 부분에 화원이나 나무를 심어 두면 길상이 될 수 있다.

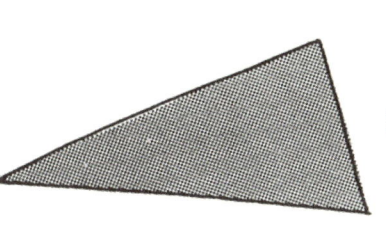

같은 요령으로 흉한 택지에 속하는 세모형 택지도 길하게 이용할 수가 있다.

생각하면 금싸라기 같은 땅을 떼어 내는 것이 내심 아까울 테지만,

흉조인 택지를 방치했다가 닥치는 화를 생각하면 백 번 나은 조치다.

아까 처음에 말씀하신 대로 이런 택지가 있거든요.

네 귀퉁이는 바른데 그리 넓지는 않아요.

흠흠.

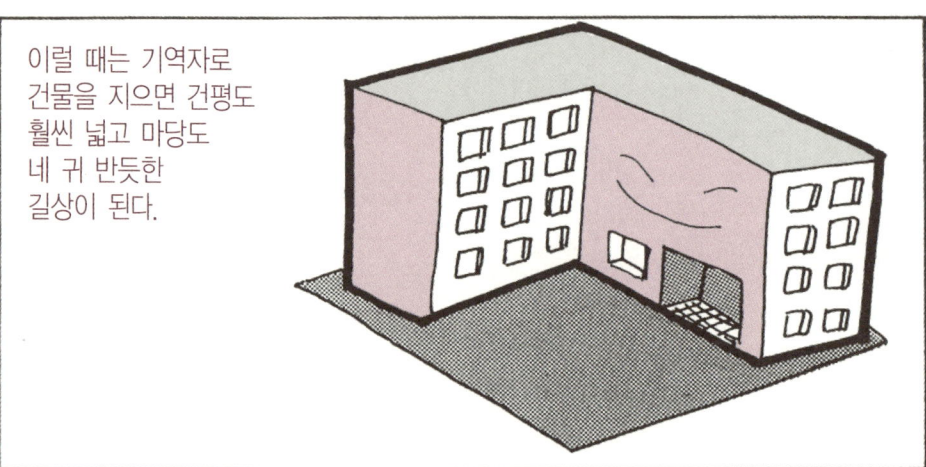

글쎄, 뭘까?
그렇다고 할 수도 있지.

다만 패철을 보는 법이나 패철에 관한 공부를 한 뒤에라야 길흉을 예상할 수 있지.

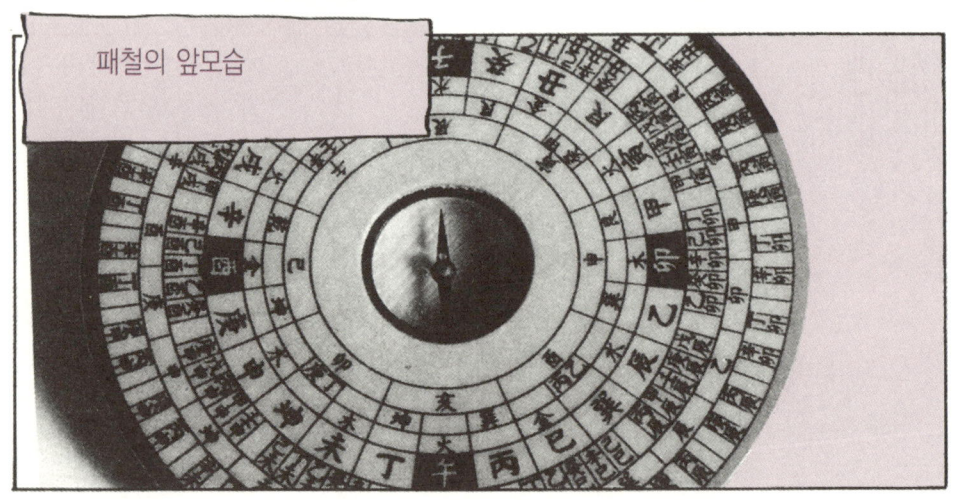

패철의 앞모습

뭡니까? 이거 그냥 나침반하고 다를 게 없잖아요?

그럼 그게 뭐 손오공의 여의봉이나 초능력을 지닌 물건인 줄 알았어?

21

만화로 보는 실전풍수 인테리어

돈 안들이고 부자되는
가계&회사 만들기

건물의 나온 부분과 들어간 부분을 알아보는
만과 결의 좋음과 나쁨에 대해 알아보기

생활풍수 인테리어

만은 길이고 결은 흉이라 한다. 만이란 건물이나 주택에서 벽 밖으로 튀어나온 모양을 말한다.

집이 나오고 들어간 것을

그걸 가상에서는 **만, 결** 이라 하는데,

만은 길이고 결은 흉이라 한다.
만이란 건물이나 주택에서
벽 밖으로 튀어나온 모양을 말한다.
그 부분은 창고나 출입구 같은 용도로
쓸 수 있다.

반대로 결이란 벽으로부터
안쪽으로 쏙 들어갔거나
파손된 부분을 말한다.

만은 방위에 따라 외부의 좋은 기를 집안으로 끌어 들이는 구실을 한다. 다만 그 크기가 벽 길이의 1/3을 넘지 말아야 한다.

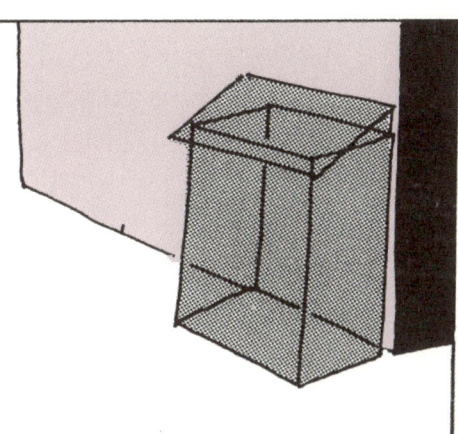

그러나 벽 바깥으로 튀어 나오게 설치한 창문은 만이 아니다. 오히려 큰 창문은 집안의 기가 빠져나간다고 해석하고 있다.

중요한 것은 이 만이 아무 데나 설치한다고 해서 다 좋은 게 아니라는 점이다.

또 가게나 사무실의 업종에 따라 만이 있어야 할 위치도 달라지게 된다.

예를 들자면 업종으로 보아 남동쪽이 길한 방향인 음식점의 경우, 그 쪽에 돌출부를 만들어 두면 훨씬 더 길한 가상으로 작용된다.

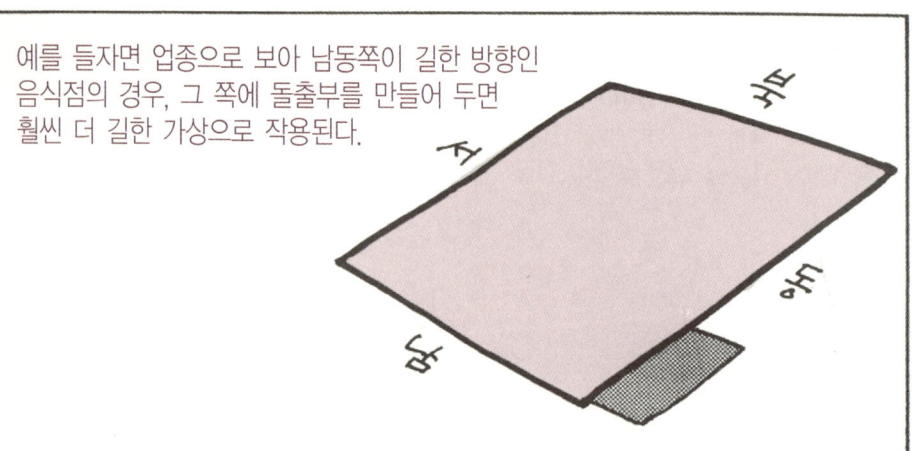

이대 북쪽에도 만을 설치하면 완벽한 길상이 되어 음식점이 번창하게 된다.

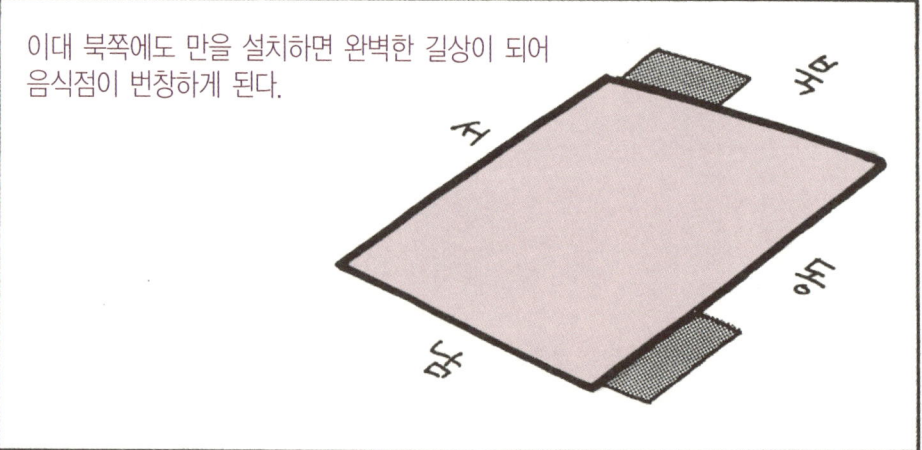

이처럼 업종에 따라 길한 방위를 가려 만을 설치해 두는 지혜가 필요하다.

그러나,

결은 튀어나온 만과 반대로 이지러졌거나 푹 들어 간 모양을 일컫는데,

복도나 큰 창문, 툇마루 따위도 결로 해석한다.

즉, 북쪽에 복도가 있다면 북쪽이 결하다 해석하고,

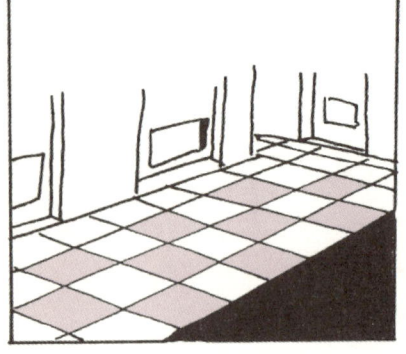

남쪽에 큰 창문이 있으면 남쪽이 결한, 즉 이지러진 가상이라 해석한다.

결은 어느 방위에서나 흉하게 작용한다.

곧, 그 건물에 관련된 사람의 운세가 결로 인해 쇠퇴한다는 뜻이다.

어떤 사람은 그저 크면 좋은 줄 알고 물색없이 만을 크게 설치하는 수도 있는데,

만이 지나치면 결이 된다는 사실을 모르는 행동이다.

이런 원리이다. 즉 만이 건물 한쪽 벽의 1/3을 넘으면 결이 되는 것이다.

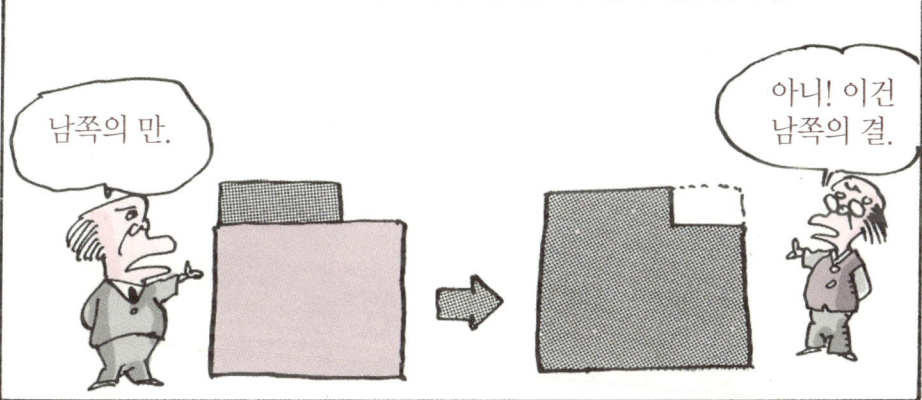

남쪽의 만.

아니! 이건 남쪽의 결.

좋은 결과를 기대하고 설치했던 조치가 나쁜 쪽으로 작용한대서야 말이 되는가!

흡사 좋다고 많이 먹어댄 결과 '자귀가 난' 꼴이나 다름없으니 조심해야 할 일이다.

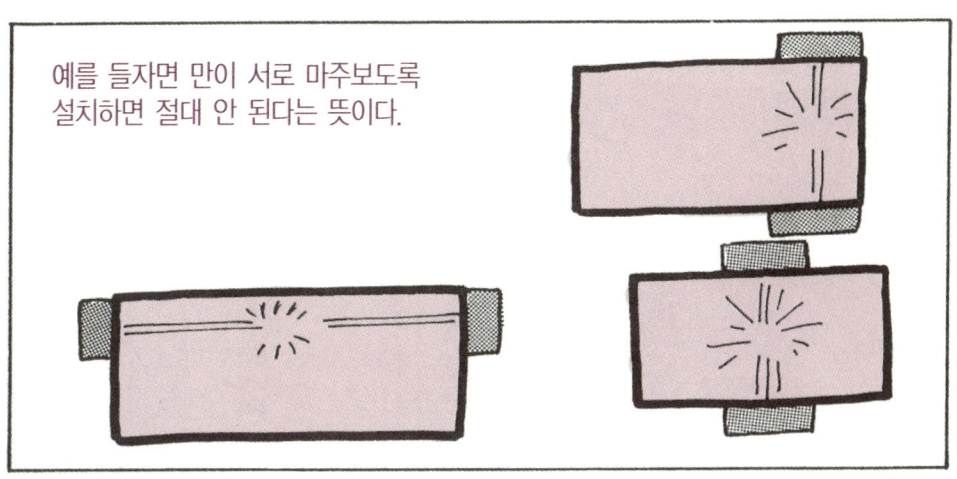

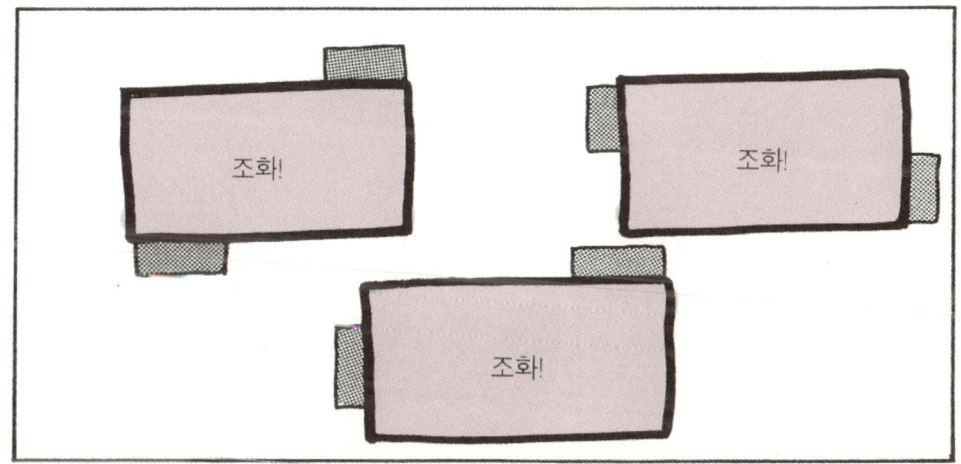

사우나, 주유소, 목욕탕, 병원, 당구장, 양조장 같은 업종은 북쪽이 만을 이뤄야 좋다.

북쪽은 일백수성으로 북쪽 30도 범위 이내를 가리킨다.

남서쪽은 이흑토성, 남서쪽 60도 범위로 어머니라는 뜻도 포함하고 있다.

이 방위는 귀문방 중에서 이귀문 이다. 따라서 만의 설치를 삼가고 결한 부분이 없도록 단속하는 편이 유익하다. 특히 공장의 경우에는 각별히 신경을 써야 한다.

동쪽은 삼벽목성으로 맏아들의 의미를 지니고 있으며 동쪽 30도 범위를 뜻한다.

청과물 가게, 가요학원, 꽃집, 보석상, 건축업, 가전제품상화 등이 동쪽에 만을 배치하면 길하다.

동남쪽은 사록목성이다. 맏딸의 방위이며 동남쪽 60도 범위를 관장한다.

목공소, 양복점, 새를 파는 가게, 가구점, 식품가게, 음식점, 제과점, 옷가게, 주유소, 구둣가게, 구멍가게, 운수, 관광업 등이 길한 업종이다.

서북쪽은 서북가 60도 범위로 육백금성이며 아버지를 뜻하는 방위다.

절이나 교회, 고급건물, 거래업, 시장, 극장은 이 방위에 만을 설치하면 길하다.

서쪽은 칠적금성으로 서쪽 30도 범위이며 막내딸이라는 뜻을 지니고 있다. 	양계장, 유흥업소, 다방, 음식점, 카바레, 창고업, 조선소는 서쪽이 유리한 방위다. 
팔방토성인 북동쪽은 막내아들의 뜻이 있다. 	여관, 주차장, 휴게실, 정거장 등이 유리하다. 
또 남쪽은 구자화성이다. 남쪽 30도를 가리키며 둘째딸을 의미하는 방위다. 	병원, 문방구, 잡화 가게, 미용실, 화장품 가게, 이발소, 갈빗집 등이 남쪽에 만을 설치하면 번창할 기반이 갖춰진다.